Inhalt

DIE RICHTIGE GRUNDLAGE

Teige und Tortenböden

Tipps und Tricks rund ums Backen

Rollfondanttaugliche Cremes

Nicht rollfondanttaugliche Cremes

Torten füllen und einstreichen

Mehrstöckige Torten

GRUNDWISSEN ÜBER ROLLFONDANT

Rollfondant kaufen

Rollfondant-Rezepte

Rollfondant modifizieren

Eine Torte mit Rollfondant eindecken

Lagerung, Transport & Präsentation

ROLLFONDANT EINFÄRBEN

Richtig färben

Farbtöne mischen

Dekorative Oberflächen

MALEN UND SCHREIBEN AUF ROLLFONDANT

Farben und Werkzeug

ROYAL ICING

Zutaten und Rezepte

Royal Icing verarbeiten

Dekorieren mit Royal Icing

TORTENSPITZE

Tortenspitze herstellen

Mit Tortenspitze dekorieren

ANHANG

ONLINE-VIDEOS

Die Videos zu diesem Buch stehen in Ihrer Digitalen Bibliothek unter **www.topp-kreativ.de/digibib** nach erfolgter Registrierung zum Anschauen bereit. Den Code zum Freischalten finden Sie im Impressum.

Dieses Symbol zeigt Ihnen, wo ein Video zur Verfügung steht.

Rollfondant ist in aller Munde, und das im wörtlichen Sinn! Seminare und Workshops sind ausgebucht und im Internet zeigen zahllose Blogs aufwendig gestaltete Torten zum Nachmachen. Der Grund für den Erfolg der zuckrigen Dekomasse liegt in ihrer Vielseitigkeit. Denn Rollfondant lässt sich nicht nur beliebig einfärben, bemalen und als Überzug von Kuchen und Torten einsetzen, sondern auch zu witzigen Figuren, festlichen Girlanden und Bordüren oder hübschem Blütenschmuck modellieren. In Kombination mit Spritzglasur (Royal Icing) und Tortenspitze verwandelt er Torten, Kuchen oder Cupcakes in individuelle Kunstwerke und sieht dabei nicht nur edel aus, sondern kann nach Belieben aromatisiert und geschmacklich verfeinert werden.

In diesem Grundlagenwerk haben die Torten- und Dekorationsprofis der Cake Company ihre jahrelange Expertise und ihr Know-how gesammelt, um Einsteiger, aber auch Fortgeschrittene in die zauberhafte Kunst der Tortendekoration mit Rollfondant einzuführen. Und dank der vielfach erprobten Rezepte, bebilderten Schritt-für-Schritt-Anleitungen und Online-Videos werden auch Einsteiger im Handumdrehen zu Tortenkünstlern!

Viel Vergnügen beim Backen und Dekorieren!

PME
ARTS &
Crafts

Die richtige Grundlage

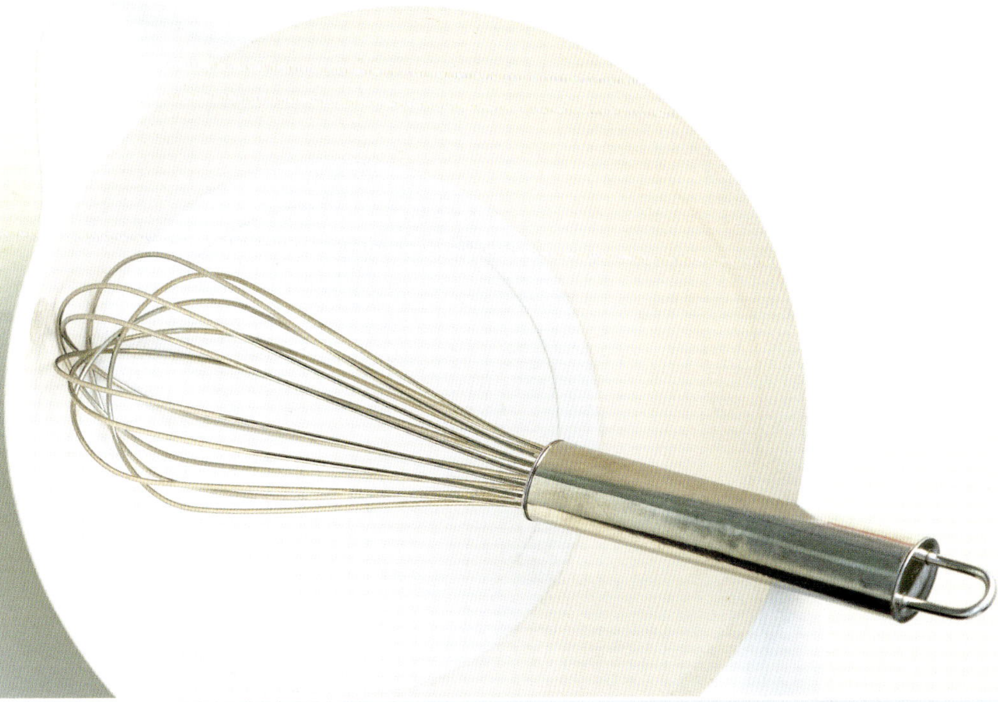

Teige und Tortenböden

BISKUIT

Wiener Boden

Bei diesem Biskuit kommt es vor allem auf die Verarbeitung der Eier und des Zuckers an. Die Masse wird zunächst über dem heißen Wasserbad aufgeschlagen und anschließend kalt weitergeschlagen. Dieser Boden hat den charakteristischen Biskuitgeschmack und ist etwas trockener, da er nicht so viel Fett enthält.

90 g Butter * 5 (250 g) Eier (Größe M) * 2 (40 g) Eigelb (Größe M) * 150 g Zucker
150 g Mehl (Type 405) * 30 g Speisestärke * ½ TL abgeriebene Zitronenschale

1 Den Backofen auf ca. 180 °C Ober- und Unterhitze vorheizen. Die Butter in einem Topf bei mittlerer Temperatur schmelzen und klären. Auf 40 °C abkühlen lassen und beiseitestellen.

Tipp: Das Wasserbad nicht kochen lassen, siedendes Wasser reicht aus, denn Eiweiß gerinnt bei ca. 57 °C.

2 Eier, Eigelb und Zucker in einer Schüssel über dem heißen Wasserbad aufschlagen, bis die Masse eine Temperatur von 40–45 °C erreicht hat. Anschließend die Schüssel aus dem Wasserbad herausnehmen und die Masse weiterschlagen, bis sie noch 25 °C warm ist.

3 Mehl und Speisestärke sieben und mit der Zitronenschale unter die Zucker-Ei-Masse heben. Zum Schluss die geklärte Butter vorsichtig unterrühren.

4 Ein Backblech mit einer Backmatte belegen. Einen Aluminium-Tortenring (ø 26 cm) von unten mit Alufolie isolieren (siehe Seite 27) und auf die Backmatte stellen; alternativ eine Springform mit Boden verwenden. Den Teig einfüllen, dabei die Masse am Rand hochstreichen (siehe Seite 25), sodass in der Mitte eine kleine Vertiefung entsteht; so geht der Teig beim Backen gleichmäßig hoch. 30–35 Minuten backen, gegen Ende der Backzeit eine Garprobe machen. Auskühlen lassen.

Dunkler Biskuit

Für eine dunkle Biskuitvariante 2 EL Milch und 2 EL Kakaopulver verrühren und am Ende von Schritt 3 zur Masse geben. Alternativ können Sie auch 60 g Zartbitterschokolade in einem Topf bei niedriger Hitze schmelzen und dazugeben. Mit Schokolade wird der Biskuit feinporiger.

Biskuitroulade (Swiss Roll)

Für 2 Rollen (2 Backbleche à 42 cm x 34 cm)

Für die Masse

50 g Butter, optional • 6 (300 g) Eier (Größe M), zimmerwarm • 5 (100 g) Eigelb (Größe M), zimmerwarm • 225 g Zucker plus etwas zum Rollen
150 g Mehl (Type 405), gesiebt

Für die Füllung

800 g Ganache oder Sahnecreme, alternativ 600 g Konfitüre

1 Den Backofen auf 200 °C Ober- und Unterhitze vorheizen. Die Butter in einem Topf bei niedriger Temperatur schmelzen und auf 40 °C erwärmen.

2 Eier, Eigelbe und Zucker schaumig rühren. Das Mehl unterheben. Zum Schluss nach Wunsch vorsichtig die flüssige Butter unterheben.

3 Zwei Backbleche mit Backpapier auslegen. Jeweils die Hälfte der Masse auf einem Backblech verteilen und nacheinander jeweils ca. 12 Minuten backen.

4 Ein Küchenhandtuch mit etwas Wasser anfeuchten und fein mit Zucker bestreuen.

5 Den warmen Biskuit auf das Küchenhandtuch stürzen. Das Backpapier vorsichtig abziehen.

6 Den Biskuit von einer kurzen Seite aus mit dem Handtuch einrollen und eingerollt auskühlen lassen.

5

6

7 Den ausgekühlten Biskuit vorsichtig entrollen und flach auf ein Stück Backpapier auf die Arbeitsfläche legen. Ganache, Konfitüre oder Sahnecreme auf den Biskuit streichen.

8 Zum Schluss den Biskuit erneut einrollen, dabei das Backpapier zum Formen der Biskuitrolle verwenden.

7

8

CAKE MIX

Eine Mischung aus trockenen Zutaten. Mit Eiern, Milch und Aroma lässt sich daraus ein sehr süßer und schwerer, aber auch besonders saftiger amerikanischer Kuchen zubereiten. Die trockenen Zutaten können Sie auch in mehreren Portionen auf Vorrat mischen und bei Bedarf für einen Kuchen 425 g Cake Mix abwiegen.

Für den Cake Mix (425 g)

150 g Weizenmehl (Type 405) • 270 g feiner Zucker • 3 TL Backpulver • 1 EL Salz

Zusätzlich für 425 g Cake Mix

2 (100 g) Eier (Größe M) • 180 ml Milch • 1–2 TL Vanille-Extrakt, je nach Geschmack
etwas Butter und Mehl für die Form

1 Den Backofen auf ca. 175 °C Umluft vorheizen. 425 g Cake Mix mit Eiern, Milch und Vanille-Extrakt in einer Schüssel verrühren, bis ein glatter Teig entsteht.

2 Eine Springform (ø 24 cm) fetten und mit Mehl ausstäuben (siehe Seite 25), den Teig einfüllen und 30–40 Minuten backen, gegen Ende der Backzeit eine Garprobe machen. Auskühlen lassen.

HIGH-DENSITY-KUCHEN

Dieses Rezept ergibt Kuchenböden mit einer hohen Dichte („high density"). Diese Böden sind besonders stabil und daher für Stapeltorten oder für geschnitzte Kuchen gut geeignet.

120 g Weizenmehl (Type 405) • 135 g feiner Zucker
120 g Margarine oder Butter, weich • 2 (120 g) Eier (Größe L)
15 ml kaltes Wasser

1 Den Backofen auf ca. 175 °C Ober- und Unterhitze vorheizen.

2 Alle Zutaten in einer Schüssel auf kleinster Stufe glatt rühren, bis keine Klümpchen mehr vorhanden sind. Anschließend auf mittlerer Stufe 2 Minuten und zum Schluss 1 Minute auf höchster Stufe rühren.

3 Den Teig in eine Springform (ø 13 cm) einfüllen (siehe Seite 25) und ca. 1 Stunde backen, gegen Ende der Backzeit eine Garprobe machen. Auskühlen lassen.

> Damit der Kuchenboden gleichmäßig aufgeht, ist es empfehlenswert, die Isoliermethode anzuwenden (siehe Seite 27).
>
> Wie Sie Teigmengen an größere oder kleinere Backformen anpassen, finden Sie auf Seite 25.

MADEIRA CAKE

Ein Rührkuchen mit einer festen und dennoch leichten Textur. In England wird er traditionell mit Zitronenaroma gebacken. Dafür einfach bei den Zutaten die Milch durch Zitronensaft (alternativ Orangensaft) ersetzen.

250 g Weizenmehl (Type 405) plus etwas für die Form * 185 g feiner Zucker
5 g Backpulver * 185 g Butter, weich, plus etwas für die Form
3 (ca. 150 g) Eier (Größe M) * 30 ml Milch, alternativ Orangen- oder Zitronensaft

1 Den Backofen auf ca. 150 °C Umluft vorheizen. Die trockenen Zutaten in einer Schüssel vermischen. Butter, Eier und Milch zugeben und die Zutaten zu einem glatten Teig verrühren.

2 Eine Aluspringform (ø 18 cm) fetten und mit Mehl ausstäuben, den Teig einfüllen und 90–120 Minuten backen, gegen Ende der Backzeit eine Garprobe machen. Auskühlen lassen.

Anstelle von Zitronensaft können Sie auch eine Prise Zitronensalz in den Teig geben oder nur 150 g Zucker und 30 g Zitronenzucker verwenden (siehe Seite 20). In beiden Fällen den Teig mit Milch zubereiten.

YELLOW CAKE

Der „gelbe" Rührkuchen ist vor allem in den USA beliebt. Wird ein Teil des Mehls durch Speisestärke ersetzt, entsteht daraus ein feiner Sandkuchen. Yellow-Cake-Tortenböden sind besonders feinporig und eignen sich daher gut für geschnitzte Kuchen.

300 g Mehl (Type 405), alternativ 200 g Mehl und 100 g Speisestärke * 16 g Backpulver * 5 g Salz * 300 g feiner Zucker * 2 TL Vanillezucker * 170 g Butter, zimmerwarm * 220 ml Milch, zimmerwarm * 5 (ca. 300 g) Eier (Größe L)

1 Den Backofen auf ca. 175 °C Ober- und Unterhitze vorheizen. Mehl, Backpulver, Salz und Zucker in einer Schüssel vermischen. Vanillezucker, Butter und 180 ml Milch zugeben und 2 Minuten auf hoher Stufe verrühren.

2 Die restliche Milch und die Eier verquirlen und in drei Portionen unterrühren, dabei von Zeit zu Zeit mit einem Teigschaber die Masse vom Rand kratzen, damit sich alles gut vermischt.

3 Den Teig in eine Backform (ø 24 cm) einfüllen (siehe Seite 25) und 40–50 Minuten backen, gegen Ende der Backzeit eine Garprobe machen. Auskühlen lassen.

Noch mehr Aroma

Bei allen Teigrezepten können Sie je nach Geschmack einen Teil des Zuckers durch Aromazucker (siehe Seite 22–23) ersetzen.

VICTORIA SPONGE CAKE

Der Lieblingskuchen der britischen Königin Victoria (1819–1901) zum Afternoon Tea. Ein einfacher Rührteig, der typischerweise waagerecht halbiert und anschließend gefüllt wird. Er ist ideal für Naked Cakes oder Drip Cakes.

250 g Butter, weich • 250 g feiner Zucker • 1 Prise Salz • 5 (250 g) Eier (Größe M)
250 g Mehl (Type 405) • 1 TL Backpulver • 1–2 EL Milch, optional

1 Den Backofen auf ca. 180 °C Umluft vorheizen. Butter, Zucker und Salz in einer Schüssel schaumig rühren. Die Eier nach und nach zugeben und den Teig zu einer glatten Masse verrühren.

2 Mehl und Backpulver sieben und unter den Teig rühren. Falls die Masse zu fest ist, nach Bedarf 1–2 EL Milch unterrühren.

3 Den Teig in einen Tortenring oder eine Springform (ø 22 cm) einfüllen (siehe Seite 25) und 45 Minuten backen, gegen Ende der Backzeit eine Garprobe machen. Auskühlen lassen.

Tipp: Anstatt den Boden waagerecht zu halbieren, können Sie den Teig auch auf zwei Springformen oder Tortenringe verteilen und die beiden Böden getrennt backen (siehe Seite 28–29). Die Backzeit reduziert sich dann auf 25 Minuten.

Teigmenge an Backformgröße anpassen

Je nach Durchmesser von Springform bzw. Tortenring verändern sich die Zutatenmengen für Butter, Zucker, Eier und Mehl. Passen Sie auch die Backpulvermenge nach Herstellerhinweis an die Mehlmenge an.

ø 20 cm: je 225 g Butter, Zucker, Eier und Mehl

ø 22 cm: je 250 g Butter, Zucker, Eier und Mehl

ø 24 cm: je 275 g Butter, Zucker, Eier und Mehl

ø 26 cm: je 300 g Butter, Zucker, Eier und Mehl

ø 28 cm: je 325 g Butter, Zucker, Eier und Mehl

Naked Cake

Naked Cakes (engl. „nackter Kuchen", siehe Foto oben) sind Torten, die nicht mit Creme oder Rollfondant überzogen werden. So sind die Schichten aus Tortenböden und Füllung an der Seite sichtbar. Für einen Naked Cake den Tortenboden waagerecht halbieren. Auf die untere Hälfte Buttercreme und Erdbeerkonfitüre streichen und die obere Hälfte wieder aufsetzen. Alternativ können Sie die Böden auch mit frisch geschlagener Sahne und frischen Erdbeeren füllen.

Drip Cake

Drip Cakes (Foto links) werden so genannt, weil die Glasur, häufig Ganache oder Mirror Glaze (siehe Seite 28–29 und 36–37), in zähen Tropfen kunstvoll den Kuchen heruntertropft (engl. „to drip"). Der Drip Cake kann vor dem Auftragen der Glasur mit Buttercreme überzogen werden oder „naked" bleiben.

GLUTENFREIER TORTENBODEN

Aus dem Wiener Boden und allen anderen Teigrezepten in diesem Buch wird ganz einfach ein glutenfreier Tortenboden, wenn Sie das Weizenmehl durch ein glutenfreies Universalmehl aus Kartoffelstärke- und Sojamehl ersetzen. Falls im Rezept Backpulver verwendet wird, sollten Sie dieses auch durch ein glutenfreies ersetzen.

90 g Butter • 5 (250 g) Eier (Größe M) • 2 (40 g) Eigelb (Größe M)
150 g Zucker • 150 g glutenfreies Universalmehl • 30 g Speisestärke
½ TL abgeriebene Zitronenschale

1 Den Backofen auf ca. 180 °C Ober- und Unterhitze vorheizen. Die Butter in einem Topf bei mittlerer Temperatur schmelzen und klären. Auf 40 °C abkühlen lassen und beiseitestellen.

2 Eier, Eigelb und Zucker in einer Schüssel über dem heißen Wasserbad aufschlagen, bis die Masse eine Temperatur von 40–45 °C erreicht hat. Anschließend die Schüssel aus dem Wasserbad herausnehmen und die Masse weiterschlagen, bis sie noch 25 °C warm ist.

3 Mehl und Speisestärke sieben und mit der Zitronenschale unter die Zucker-Ei-Masse heben. Zum Schluss die geklärte Butter vorsichtig unterrühren.

4 Ein Backblech mit einer Backmatte belegen. Einen Aluminium-Tortenring (ø 26 cm) von unten mit Alufolie isolieren (siehe Seite 27) und auf die Backmatte stellen; alternativ eine Springform mit Boden verwenden. Den Teig einfüllen, dabei die Masse am Rand hochstreichen (siehe Seite 25), sodass in der Mitte eine kleine Vertiefung entsteht; so geht der Teig beim Backen gleichmäßig hoch. 30–35 Minuten backen, gegen Ende der Backzeit eine Garprobe machen. Auskühlen lassen.

VEGANER TORTENBODEN

Für einen veganen Tortenboden verwenden Sie anstelle von Eiern Zutaten, die die bindenden Eigenschaften der Eier ersetzen können. Das folgende Rezept ist ein Biskuitteig ohne Eier. Im Kasten rechts finden Sie weitere Zutaten, die Sie anstelle von Eiern verwenden können.

225 g Vollkornmehl, alternativ Dinkelmehl (Type 630) • 150 g Zucker, alternativ Kokosblütenzucker • 1 Päckchen Backpulver • Mark von ½ Vanilleschote • 1 Prise Zitronen- oder Orangenzucker (siehe Seite 22) • 250 g Mineralwasser mit viel Kohlensäure • 60 ml neutrales Pflanzenöl

1 Den Backofen auf 180 °C Umluft vorheizen.

2 Die trockenen Zutaten in einer Schüssel vermischen. Die flüssigen Zutaten zugeben und mit den Quirlen des Handrührgeräts zu einem glatten Teig verrühren.

3 Den Teig in eine Silikonbackform (ø 24 cm) füllen (alternativ eine gefettete und mit Mehl ausgestäubte Alu- oder Blechbackform). 40–45 Minuten backen, ggf. eine Garprobe machen.

Alternativen für Eier

Eier können in Rezepten für Tortenböden durch unterschiedliche Zutaten ersetzt werden. Eiersatzpulver aus Maisstärke und Lupinenmehl beispielsweise wird einfach in Wasser angerührt und hat keinen Einfluss auf Geschmack oder Konsistenz des Kuchenteigs. Darüber hinaus gibt es noch andere Ersatzzutaten, die jedoch manchmal einen Einfluss auf den Geschmack des Teigs haben können. Ein Ei können Sie durch folgende Zutaten ersetzen:

- 1 halbe, zerdrückte reife Banane
- 80 g Apfelmus (passt gut zu Muffinteig)
- 2 EL gemahlene Leinsamen mit 3 EL Wasser vermischt

TORTENBÖDEN FÜR MOTIVTORTEN

Tortenböden für Motivtorten müssen besonders stabil sein. Denn eine üppige Rollfondant-Deko hat ihr Gewicht. Mit den folgenden beiden Rezepten erhalten Sie Tortenböden, die besonders fest, aber dennoch saftig sind. Außerdem bleiben die Böden lange frisch und kommen ohne Kühlung aus. Das macht sie besonders geeignet für das Kuchenbüfett bei Geburtstagen, Hochzeiten, Taufen oder anderen Feiern.

Spanische Vanilletorte

80 g Zartbitterkuvertüre, gehackt • 50 g Mandeln, gehackt • 50 g getrocknete Aprikosen, gehackt • 110 g Mehl (Type 405) • 50 g Butter • 150 g Marzipanrohmasse • 150 g Zucker • Mark von 1–2 Vanilleschoten (je nach Geschmack)
6 Eigelb (ca. 120 g) • 5 Eiweiß (ca. 150 g) • 1 Prise Salz

1 Den Backofen auf 175 °C Umluft vorheizen. Kuvertüre, Mandeln, Aprikosen und Mehl in einer Schüssel vermischen.

2 Butter und Marzipan in einer Schüssel verkneten. In einer zweiten Schüssel 50 g Zucker, Vanillemark und Eigelbe schaumig rühren. In einer weiteren Schüssel Eiweiße mit 100 g Zucker und Salz fest, aber nicht zu steif schlagen.

3 Den Eischnee vorsichtig unter die Eigelb-Zucker-Masse rühren und das Ganze anschließend unter die Marzipan-Butter-Masse ziehen. Zum Schluss die Mischung aus Mandeln, Aprikosen, Kuvertüre und Mehl vorsichtig unter die Masse melieren.

4 Den Teig in eine Springform (ø 24 cm) füllen und 40–45 Minuten backen, gegen Ende der Backzeit eine Garprobe machen. Auskühlen lassen.

Sachertorte „Oma Buchholtz"

Dieser Tortenklassiker wird nach einem alten Familienrezept von „Oma Buchholtz" gebacken. Die Masse ist saftig, aber gleichzeitig fest, und sie bröselt kaum. Daher eignet sie sich sehr gut für Motivtorten aller Art.

200 g Zartbitterkuvertüre • 200 g Butter, weich • 200 g Puderzucker, gesiebt
1 Päckchen Vanillezucker • 7–8 (400–440 g) Eier (Größe M), getrennt
1 Prise Salz • 200 g Mehl (Type 405), gesiebt • 3 TL Kakaopulver, gesiebt
1 TL Backpulver • 6 EL Rum, alternativ Aprikosenlikör (Marillenlikör)
1 Glas (340 g) Aprikosenkonfitüre extra und ohne Stücke • 200 g Schokoladenglasur (Fertigprodukt), optional

1 Den Backofen auf ca. 160 °C Unter- und Oberhitze vorheizen. Die Kuvertüre fein hacken, in einer Schüssel in der Mikrowelle oder über dem heißen Wasserbad unter Rühren bei 40–45 °C schmelzen und anschließend auf 25 °C abkühlen lassen.

2 Die Butter in einer Schüssel aufschlagen. Puderzucker und Vanillezucker zugeben und die Masse weiß aufschlagen. Die abgekühlte Kuvertüre unterrühren. Die Eigelbe nacheinander in die Butter-Schoko-Masse rühren.

3 Die Eiweiße mit Salz in einer zweiten Schüssel halbsteif schlagen. Mehl, Kakao und Backpulver sieben und in einer weiteren Schüssel mischen. Die Mehlmischung und den Eischnee abwechselnd unter die Schokomasse ziehen, mit Eischnee enden.

4 Die Masse in eine antihaftbeschichtete Springform oder Silikonform (ø 26 cm) füllen und 45–60 Minuten backen, gegen Ende der Backzeit unbedingt eine Garprobe machen. Auskühlen lassen (siehe Kasten „Die Torte ruhen lassen").

5 Den Boden waagerecht halbieren. Die Hälften jeweils mit dem Alkohol beträufeln, mit Aprikosenkonfitüre bestreichen und wieder aufeinandersetzen.

6 Die restliche Aprikosenkonfitüre in einem kleinen Topf aufkochen, ggf. durch ein Sieb streichen und die Torte damit rundherum überziehen. Trocknen lassen.

7 Die Schokoladenglasur nach Herstelleranleitung schmelzen und die Torte damit überziehen. Alternativ mit Ganache (siehe Seite 28–29) einstreichen, abdecken und im Kühlschrank oder im kühlen Keller ruhen lassen (siehe Kasten „Die Torte ruhen lassen"). Wenn Sie die Torte ohne Schokoladenüberzug verwenden möchten, lassen Sie sie abgedeckt ruhen und verarbeiten sie anschließend weiter.

Die Torte ruhen lassen

Je länger die Torte ruhen kann, desto saftiger wird sie. Nach einer alten Regel soll man die Torte am ...

1. Tag backen, am

2. Tag aus der Form stürzen und mit Konfitüre bestreichen, am

3. Tag dick mit Schokoglasur oder Ganache überziehen und am

4.–10. Tag kühl stellen und ruhen lassen.

Selbstverständlich kann man die Torte ab dem 4. Tag auch verwenden. Soll die Torte anstatt mit Schokoladenglasur oder Ganache mit Rollfondant eingedeckt und dekoriert werden, sollte dies erst am Tag der Verwendung geschehen.

Tipp: Wenn Sie die Torte ohne Alkohol zubereiten möchten, verwenden Sie zum Tränken der Böden ebenfalls aufgekochte Konfitüre, da diese besser einzieht. Wenn Sie lediglich Aprikosenkonfitüre mit Stücken zur Verfügung haben, kochen Sie diese mit 2–3 EL Wasser auf und streichen sie vor der Verwendung durch ein Sieb.

CAKE POPS

Der aus den USA stammende Kuchen am Stiel ist perfekt, um Kuchenreste zu verarbeiten. Die Kuchenbrösel werden mit Frischkäse, Konfitüre oder Trüffelmasse vermischt, zu Kugeln geformt und auf einen Lollistiel gesteckt. Anschließend kann man sie mit Rollfondant, Mirror Glaze usw. verzieren.

350 g Reste von trockenem Kuchen (z. B. Muffins, Rühr- oder Sandkuchen)
30 g Kakaopulver • 175 g Frischkäse (Doppelrahmstufe) • 80–120 g Konfitüre
150 g Kuvertüre oder Schokolade

Außerdem

Lollistiele

Tipp: Falls die Masse zu trocken ist, etwas Milch, Dosenmilch oder Sahne zugeben, um sie geschmeidiger zu machen. Bei Cake Pops für Erwachsene können Sie je nach Geschmack auch Amaretto, Whisky o. Ä. anstelle von Konfitüre bzw. Milch oder Sahne verwenden.

1 Die Kuchenreste in der Küchenmaschine oder mit den Händen fein zerbröseln.

2 Die Brösel mit dem Kakaopulver vermischen und anschließend mit Frischkäse und Konfitüre mit den Händen zu einer homogenen Masse verkneten. Die Masse sollte sich weich und wattig anfühlen und sich leicht zu einer Kugel formen lassen, ohne an den Händen zu kleben. Geben Sie Konfitüre nach Wunsch hinzu, um die Masse mehr oder weniger klebrig zu machen. Die Masse 30 Minuten ruhen lassen, danach ggf. noch Konfitüre oder etwas Milch einkneten.

3 Die Masse zu Kugeln unterschiedlicher Größe formen (siehe Tabelle). Die Kugeln sollten schön glatt sein und keine Einschlüsse haben. Die Kugeln auf einen Teller setzen, mit Frischhaltefolie abdecken und kalt stellen.

3

4

4 Schokolade in einem kleinen Topf bei niedriger Hitze schmelzen lassen. Die Lollistiele nacheinander 1–2 cm in die flüssige Schokolade tauchen und tief in jeweils eine Kugel stecken. Die Cake Pops 15–30 Minuten in den Kühlschrank stellen.

5 Die Cake Pops zum Schluss in die flüssige Schokolade tauchen, gut abtropfen lassen, in einen Ständer oder in Styropor stecken und trocknen lassen. Alternativ können Sie sie zum Trocknen auch mit dem Stiel nach oben in kleine Muffinförmchen stellen. Die Cake Pops nach Belieben mit Rollfondant oder Zuckerstreuseln dekorieren.

Recycling für alten Kuchen

Cake Pops sind ideal, um ein paar Tage alte Rühr- oder Sandkuchen, die zum Essen zu trocken geworden sind, zu verwerten. Auch verunglückte Kuchen oder Muffins, bei denen Sie vielleicht das Backpulver vergessen haben, können für Cake Pops verwendet werden.

Empfohlene Größen für Cake Pops

Mini	20 g	Kindergarten oder zum Naschen
Mittel	40 g	Schulkinder (6–12 Jahre)
Groß	60 g	Jugendliche/Erwachsene
XXL	80 g	Cake-Pops-Liebhaber

MUFFINS UND CUPCAKES

Die Grundmasse für Muffins und Cupcakes ist im Grunde genommen dieselbe. Der Unterschied zwischen beiden Kuchen kommt erst beim Backen bzw. bei der Dekoration zum Tragen. Für Muffins werden die Formen höher mit Teig gefüllt, während die Masse für Cupcakes nur flach eingefüllt wird. Auch können Muffins aus einem herzhaften Teig zubereitet sein, während Cupcakes in der Regel süß sind. Muffins werden häufig ohne weitere Dekoration verzehrt, wohingegen Cupcakes mit Frischkäsetopping oder Rollfondant dekoriert werden.

Für ca. 20 Muffins oder 30 Cupcakes

2 Eier (Größe M) • 125 ml neutrales Speiseöl, alternativ flüssige Butter • 250 ml Milch, zimmerwarm • 200 g brauner Zucker • 400 g Mehl, gesiebt • 13 g Backpulver 1 TL Salz • Mark von 1 Vanilleschote • 200 g Schokotropfen, alternativ dunkle Kuvertüre, gehackt

1 Den Backofen auf ca. 170 °C Ober- und Unterhitze (Muffins) oder 150 °C Umluft (Cupcakes) vorheizen.

2 Die Zutaten in einer Schüssel verrühren. Die Muffinförmchen für Cupcakes zu zwei Dritteln (je 40 g), für Muffins zur Hälfte (je 60 g) mit Teig füllen. 20–25 Minuten backen.

Nicht überrühren!

Der häufigste Fehler bei der Herstellung von Muffins ist, den Teig zu lang und zu schaumig zu rühren. Eine alte amerikanische Küchenweisheit besagt, dass man die Masse nur 25–30 Mal umrühren soll, wenn die trockenen und die feuchten Zutaten verrührt werden. Auf diese Weise werden die Muffins so mürbe, wie sie sein sollen.

Genügend Muffins für alle Gäste?

Wiegen Sie die fertige Masse und teilen Sie das Gesamtgewicht durch die Anzahl der Personen, z. B. 1288 g : 24 = 53 g. Stellen Sie die Muffinförmchen zum Befüllen auf die Waage und geben Sie genau die ermittelte Grammzahl, z. B. 53 g Masse, in die Förmchen. So werden alle Muffins bzw. Cupcakes gleich groß und Sie haben genügend Gebäck für alle Gäste.

MARSHMALLOW-ZEREALIEN-MASSE

Aus geschmolzenen Marshmallows und Frühstückszerealien wie Rice Krispies, aber auch Butterkeksen oder Spekulatius lässt sich eine Masse herstellen, die gut für einen schnellen Kuchenboden geeignet ist. Die Masse lässt sich in jede beliebige Form bringen und mit unterschiedlichen Zutaten auch geschmacklich vielseitig variieren. Auch größere Kuchentopper oder andere Formen kann man daraus herstellen und anschließend mit Rollfondant verzieren.

Geröstete Marshmallow-Zerealien-Masse

Eine schnell zubereitete Grundlage für die Rollfondant-Deko ist die Masse aus gerösteten Marshmallows und Zerealien.

60 g Butter plus etwas zum Fetten • 300 g Marshmallows
150 g Rice Krispies oder andere Frühstückszerealien

Hinweis: Die Marshmallow-Zerealien-Masse ist sehr klebrig. Reiben Sie daher vor der Verarbeitung Hände, Schüssel und alle Werkzeuge gut mit Fett ein.

1 Die Butter in einem Topf bei mittlerer Hitze goldbraun schmelzen.

2 Eine Auflaufform fetten. Die Marshmallows hineingeben und mit dem Flambierbrenner bräunen. Alternativ die Marshmallows auf ein mit Backpapier ausgelegtes Backblech legen und unter dem Backofengrill bräunen.

3 Die gebräunten Marshmallows zu der geschmolzenen Butter geben. Unter Rühren erwärmen, bis eine cremige Masse entstanden ist. Die Rice Krispies unterrühren.

4 Nun die Masse im warmen Zustand nach Wunsch formen. Für einen Tortenboden einen Tortenring auf eine Backmatte oder Backpapier stellen und die warme Masse hineindrücken. Für kleine Riegel oder Würfel ein tiefes Backblech mit Backpapier auslegen, die Masse gleichmäßig darauf verteilen und auskühlen lassen. Anschließend nach Wunsch mit dem Messer zuschneiden. Die Masse muss schnell verarbeitet werden, da sie rasch abkühlt.

Varianten mit Keksen und Popcorn

Sie können auch Spekulatius, Butter- oder Schoko-Doppelkekse grob zerbröseln und anstelle der Zerealien verwenden. Auch mit Erdnusscreme oder Nuss-Nougat-Creme anstelle von Butter lässt sich der Geschmack variieren. Für einen witzigen Wolkeneffekt verwenden Sie Popcorn statt Zerealien.

Rice Krispies Treats

1939 in den USA erfunden, ist die Rice-Krispies-Treats-Masse, die auch „essbares Styropor" genannt wird, eine schnelle Alternative zum Kuchenbacken und ergibt auch einen schnellen Kuchenboden oder Kuchentopper.

300 g Marshmallows • 600 g Schoko-Krispies, alternativ Rice Krispies oder andere Frühstückszerealien • etwas Butter zum Fetten

1 Eine mikrowellengeeignete Schüssel mit Butter fetten. Die Marshmallows in die Schüssel geben und mit etwas Wasser beträufeln. In der Mikrowelle bei ca. 600 Watt 60–90 Sekunden erwärmen, bis sie das doppelte Volumen erreicht haben.

2 Einen Löffel fetten. Die Rice Krispies in die Schüssel geben und mit den Marshmallows mithilfe des Löffels zu einer homogenen Masse verrühren.

Hinweis: Die Marshmallow-Zerealien-Masse ist sehr klebrig. Reiben Sie daher vor der Verarbeitung Ihre Hände und alle Werkzeuge gut mit Fett ein.

1

2

3 Die Hände gut einfetten. Die Masse aus der Schüssel nehmen und im warmen Zustand kurz durchmengen.

4 Zum Schluss die Masse nach Wunsch formen. Für einen Tortenboden einen Tortenring auf eine Backmatte oder Backpapier stellen und die warme Masse hineindrücken. Die Masse muss schnell verarbeitet werden, da sie rasch abkühlt. Bei Bedarf die Masse 10–15 Sekunden erneut in der Mikrowelle bei 600 Watt erwärmen. Aber Vorsicht, sie kann sehr heiß werden!

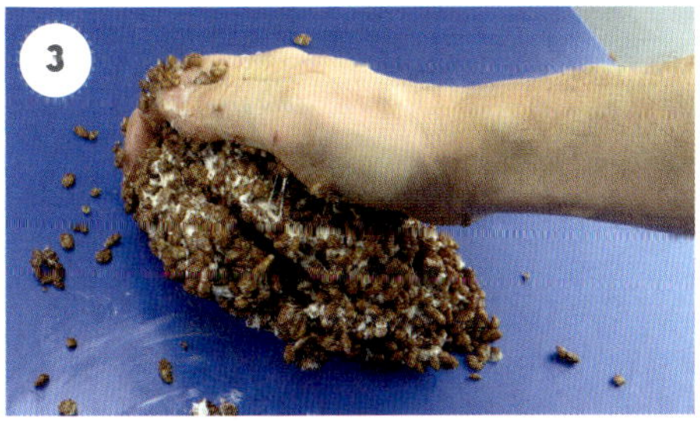

3

4

Besser formbar

Je kleiner die Frühstückszerealien sind, desto besser lässt sich die Masse in die gewünschte Form bringen.

AROMAZUCKER UND AROMASALZ

Mit Aromazucker oder -salz lässt sich Kuchenteig aromatisieren. Je nach Geschmack können Sie die in den Rezepten angegebenen Mengen an Zucker oder Salz ganz oder teilweise durch Aromazucker austauschen.

Zitruszucker

150 g grober Zucker • Zitrusfrüchte (siehe Tabelle)

Orangenzucker	2 Bio-Orangen
Zitronenzucker	3 Bio-Zitronatzitronen (Citrus medica), alternativ Eureka oder Citrus limonia in Bioqualität
Limettenzucker	3–4 Bio-Limetten, alternativ Kaffir-Limetten in Bioqualität

1 Die Zitrusfrüchte gründlich mit warmem Wasser reinigen. Anschließend die Schale abreiben.

2 Den Schalenabrieb mit Zucker im Mörser zerstoßen. Den Aromazucker zügig verbrauchen (siehe Kasten „Auf Vorrat herstellen").

Zitrussalz

80 g grobes Meersalz • Zitrusfrüchte

Orangensalz	2 Bio-Orangen
Zitronensalz	3 Bio-Zitronen
Limettensalz	3–4 Bio-Limetten
Mandarinensalz	3 Bio-Mandarinen

1 Die Zitrusfrüchte gründlich mit warmem Wasser reinigen. Anschließend die Schale abreiben.

2 Den Schalenabrieb mit Salz im Mörser zerstoßen. Das Aromasalz zügig verbrauchen (siehe Kasten „Auf Vorrat herstellen").

Vanillezucker

150 g grober Zucker • 1 Vanilleschote

1 Die Vanilleschote längs aufschneiden und das Mark herauskratzen.

2 Zucker und Vanille im Mörser zerstoßen. Den Vanillezucker mit der Schote in ein sauberes Schraubglas füllen und luftdicht verschließen.

Minzzucker

150 g grober Zucker • 20 frische Minzeblätter

1 Die Minzeblätter waschen, trocken schütteln und fein hacken.

2 Zucker und Minze im Mörser zerstoßen. Den Minzzucker am besten frisch verwenden, da das Aroma schnell verfliegt.

Auf Vorrat herstellen

Zitruszucker und Zitrussalz hält sich frisch hergestellt nur wenige Tage. Wenn Sie Aromazucker oder -salz auf Vorrat herstellen möchten, verteilen Sie es auf einem mit Backpapier ausgelegten Backblech und lassen Sie alles ca. 30 Minuten bei 60–80 °C im Backofen trocknen, dabei den Zucker ab und zu durchmischen. Den getrockneten Aromazucker in ein Glas mit Schraubverschluss füllen und trocken lagern.

Das Aroma verstärken

Mit ätherischen Ölen in Lebensmittelqualität kann man das Aroma von Zitruszucker und Zitrussalz noch verstärken. Dazu 2–4 Tropfen (je nach Geschmack und Qualität auch mehr) Öl zu aromatisiertem Zucker oder Salz geben und gut durchmischen.

Tipps und Tricks rund ums Backen

ZUTATEN

Die Verwendung von qualitativ hochwertigen Zutaten, aber auch die richtige Temperatur und Verarbeitung sind grundlegend für ein gutes Backergebnis.

Zutaten richtig temperieren

Achten Sie bei der Zubereitung von Tortenböden darauf, dass Sie zimmerwarme Zutaten verwenden. Nehmen Sie Butter oder Fett, Eier und Milch daher stets 30–60 Minuten vorher aus dem Kühlschrank. Zimmerwarme Zutaten verbinden sich besser zu einem Teig und führen zu besseren Backergebnissen.

Temperaturen messen

Bei manchen Massen oder Cremes müssen Zutaten über dem heißen Wasserbad auf eine bestimmte Temperatur erhitzt werden. Dabei ist ein digitales Küchenthermometer eine wertvolle Hilfe.

Backpulver

Verwenden Sie kein Backpulver, dessen Mindesthaltbarkeitsdatum überschritten ist. Überlagertes Backpulver verliert seine Eigenschaften, die zum Gelingen eines schönen Tortenbodens notwendig sind. Backpulver sollte trocken, dunkel und bei Raumtemperatur aufbewahrt werden. Die handelsüblichen Backpulver reagieren auf Feuchtigkeit. Daher sollte der angerührte Kuchenteig nicht mehr lang stehen und immer sofort gebacken werden, sonst kann es zu Backfehlern wie unregelmäßigem Aufsteigen oder Bläschenbildung kommen. Angebrochene Backpulverpäckchen gut verschließen, damit das Backpulver keine Feuchtigkeit zieht.

Gewichtsangabe bei Eiern

Bei manchen Rezepten wird die Menge der verwendeten Eier in Stück angegeben, bei anderen Rezepten findet sich zusätzlich eine Angabe in Gramm. Die Gewichtsangabe erleichtert die Berechnung der notwendigen Ei-Menge, falls die entsprechende Gewichtsklasse nicht verfügbar ist. Eier der Gewichtsklasse M wiegen 53–63 g, davon entfallen auf die Schale ca. 7 g, auf das Eigelb ca. 20 g und auf das Eiweiß ca. 30 g. Generell hat die Eierschale ca. 10% Gewichtsanteil, das Eigelb 30% und das Eiweiß 60%.

Den Teig nicht überrühren

Rühren Sie den Teig immer nur so lang, bis eine homogene Masse entstanden ist. Durch zu langes Rühren kann die Masse einfallen oder sich trennen und unbrauchbar werden. Auch zu steif geschlagenes Eiweiß lässt sich nur schwer unter die andere Teigmasse heben.

BACKFORMEN

Bodenlose Alubackformen

Sie werden häufig in der Konditorei verwendet. Vor allem zum Backen von Tortenbiskuit eignen sie sich hervorragend. Die Formen werden mit Alufolie oder Backpapier ausgekleidet, auf eine Backmatte gestellt und die Masse eingestrichen. Auch zum Füllen von Sahnetorten kann man die Aluformen verwenden (siehe Seite 40).

Masse in den Tortenring einstreichen

1 Die Masse in den Tortenring einfüllen (zur Vorbereitung des Tortenrings für die Isoliermethode, siehe Seite 27).

2 Mit einem Spachtel die Masse von innen nach außen am Rand des Tortenrings hochziehen.

1

2

Silikonformen

Sie sind lebensmittelecht und müssen in der Regel nicht gefettet werden. Nur beim ersten Gebrauch sollte man sie fetten. Silikonformen können gut bis zu 230 °C im Ofen erhitzt werden und halten auch bis zu –60 °C aus. Daher kann man sie sowohl zum Backen als auch zum Einfrieren verwenden. Auch antihaftbeschichtete Backformen müssen vor dem Einfüllen des Teigs nicht gefettet und mit Mehl ausgestäubt werden.

Backformen aus Aluminium oder Messing

Sie müssen vor dem Einfüllen des Teigs gefettet und mit Mehl ausgestäubt werden. Bei manchen Backformen wie z. B. Gugelhupfformen ist dies mühsam. Eine Alternative dazu ist die Herstellung einer Antihaftcreme aus jeweils gleichen Teilen (z. B. 50 g) Mehl, neutralem Speiseöl und Butter. Verrühren Sie die Zutaten und streichen Sie die Backform damit ein. So löst sich der fertige Kuchen leicht aus der Form.

Die Teigmenge an die Backformgröße anpassen

Jedes Teigrezept ist auf eine bestimmte Backformgröße ausgelegt. Möchten Sie die Größe der Backform variieren und eine kleinere oder größere Backform verwenden, müssen Sie die Teigmenge anpassen. Füllen Sie dazu die im Rezept vorgesehene Backform mit Wasser und bestimmen Sie die Wassermenge. Dasselbe machen Sie mit der Backform in der gewünschten Größe. Verändern Sie nun die Mengenangaben im Rezept gemäß des Mengenverhältnisses des Wassers. Beispiel: Die im Rezept angegebene Backform fasst 1 l Wasser. Die Backform in der gewünschten Größe fasst 1,8 l Wasser. Sie müssen also die Mengenangaben im Rezept mit 1,8 multiplizieren.

BACKEN

Jeder Backofen backt anders. Oft lassen sich sogar Unterschiede im Backverhalten bei Backöfen von ein und demselben Hersteller feststellen. In den meisten Rezepten finden Sie bei den Backofentemperaturen und den Backzeiten daher ungefähre Angaben. Reduzieren Sie beim nächsten Mal die Backofentemperatur, wenn der Kuchen zu dunkel wird; erhöhen Sie die Temperatur, wenn der Kuchen trocken wird.

Die Ofentür geschlossen halten

Öffnen Sie nie die Ofentür während des Backvorgangs. Der Wasserdampf, der beim Backen im Ofen entsteht, erzeugt eine feuchte Umgebung und einen höheren Druck. Dadurch reißt der Kuchenboden nicht so schnell an der Oberfläche. Öffnet man den Backofen zu früh, kann der Kuchen zusammenfallen und einen Wasser- oder Fettstreifen (Klitsch) bilden.

Energie sparen

Backen Sie sehr hohe Böden (mehr als 5 cm Höhe bei einem Durchmesser von 24 cm) mit niedriger Temperatur, also bis ca. 150 °C. Wenn Sie Energie sparen möchten, backen Sie statt einem hohen Boden je nach Bedarf zwei flache Böden. Teilen Sie dazu den Teig einfach auf zwei identische Backformen auf und backen Sie die Böden gleichzeitig im Ofen. Dazu benötigen Sie nur etwa ein Drittel der Backzeit. Stellen Sie gegen Ende der Backzeit mithilfe der Garprobe sicher, dass der Kuchen durchgebacken ist.

Garprobe machen

Machen Sie am Ende der Backzeit, bevor Sie den Kuchen herausnehmen, stets eine Gar- oder Stäbchenprobe. Nur so können Sie sichergehen, dass die Böden tatsächlich durchgebacken sind. Stechen Sie dazu mit einem Schaschlikspieß einmal mittig in den Boden ein und ziehen Sie das Stäbchen wieder heraus. Ist der Spieß trocken, können Sie den Kuchen herausholen. Klebt noch feuchter Teig am Holz, lassen Sie den Kuchen noch gut 10 Minuten im Ofen. Kleben nur leicht feuchte Krümel daran, braucht der Kuchen noch etwa 2–3 Minuten länger.

Mit der Isoliermethode backen

Es empfiehlt sich, Biskuit- und Rührkuchenteige, aber auch Käsekuchen mit hellem Rand mit der Isoliermethode zu backen, damit der zu backende Boden schön gleichmäßig aufgeht. Dabei wird eine Schicht aus Alufolie und nassem Küchenpapier während des Backens um den Tortenring gelegt. Tortenringe ohne Boden kann man von unten mit Alufolie und Backpapier isolieren.

Isoliermethode am Rand

1 Ein Stück Alufolie in der Länge des Tortenrings auf die Arbeitsfläche legen und so längs falten, dass der Streifen etwa doppelt so breit wie der Tortenring hoch ist.

2 Zwei Lagen Küchenpapier auf die Alufolie legen, die Ränder der Alufolie bleiben frei. Das Küchenpapier gut mit Wasser tränken.

3 Die kurzen Enden der Alufolie nach innen falten, …

4 … dann die Alufolie längs in der Mitte falten; die Breite entspricht der Höhe des Rings.

5 Den Alustreifen von außen um die Backform legen und fest andrücken.

Isoliermethode am Boden

1 Auf ein großes Stück Alufolie ein etwas kleineres Stück Backpapier legen. Den Tortenring so darauf stellen, dass Alufolie und Backpapier an jeder Seite ca. 10 cm überstehen.

2 An einer Seite beginnen und die Alufolie von außen nach innen einfalten.

3 Die Folie Stück für Stück rundherum von außen fest um den Ring falten, dabei den Tortenring gut festhalten.

4 Das Anfangs- und das Endstück zum Schluss zu einem Dreieck falten, mehrmals einschlagen und fest an den Ring drücken.

Rollfondanttaugliche Cremes

Um eine Torte mit Rollfondant überziehen zu können, muss der Kuchen zunächst mit einer Schicht Creme eingestrichen werden. Sie sorgt dafür, dass der Rollfondantüberzug am Kuchen hält. Doch nicht jede Creme ist für die Verwendung mit Rollfondant geeignet. Cremes, die einen hohen Wasser- oder Säuregehalt haben, dürfen nicht in direkten Kontakt mit Rollfondant kommen. Dazu zählen Cremes, die mit Milch, Sahne, Frischkäse oder Pudding zubereitet werden. Da Rollfondant fast ausschließlich aus Zucker besteht, würde die Flüssigkeit in der Creme den wasserlöslichen Zucker im Nu auflösen und die Deko zerstören. In diesem Kapitel finden Sie Rezepte für Cremes, die Sie bedenkenlos mit Rollfondant kombinieren können. Torten, die mit einer nicht rollfondanttauglichen Creme (siehe Seite 33) gefüllt sind, müssen zunächst mit einer Schicht aus rollfondanttauglicher Creme versiegelt werden. Achten Sie beim Versiegeln darauf, dass an der Seite der Torte keine Creme von der Füllung herausquillt.

GANACHE

Ganache (Pariser Creme) ist eine Creme aus Kuvertüre und Sahne, die zum Füllen oder Überziehen von Torten und Kuchen verwendet wird. Der Name geht auf das Missgeschick eines französischen Konditorlehrlings im 19. Jahrhundert zurück, der versehentlich Milch über Kuvertüre gegossen hatte und vom Meister daraufhin als „ganache", also Trottel, beschimpft wurde. Als man feststellte, dass man die Masse verwenden kann, erhielt sie den Namen „Ganache". Die Ganache hat eine feste Konsistenz und ist etwas stabiler als Buttercreme oder andere Füllungen.

Grundrezept

100 g Sahne • Kuvertüre (siehe Tabelle)

	zum Füllen von Torten	zum Überziehen von Torten	für große Motivtorten (besonders stabile Ganache)
dunkle Kuvertüre	150 g	200 g	250 g
Vollmilchkuvertüre	200 g	250 g	300 g
weiße Kuvertüre	225 g	275 g	325 g

1 Die Sahne in einem Topf bei mittlerer Temperatur auf 80–90 °C erhitzen, nicht kochen!

2 Die Kuvertüre sehr fein hacken, damit sie sich gut auflöst. Die gehackte Schokolade in die heiße Sahne geben und kurz verrühren. Die Schokolade 2–3 Minuten schmelzen lassen. Die Masse anschließend mit dem Schneebesen glatt rühren, bis sie glänzt.

3 Bei Raumtemperatur 5–7 Stunden oder über Nacht auskühlen lassen. Die Ganache sollte eine Konsistenz wie Nuss-Nougat-Creme haben. Ist sie zu fest zum Einstreichen, kurz in der Mikrowelle oder im heißen Wasserbad erwärmen.

Tipp: Die Sahne sollte mindestens einen Fettgehalt von 30–35 % haben. Je höher der Fettgehalt, umso cremiger wird die Ganache.

Experimentieren Sie mit den Mengen, um Ihre Lieblingscreme zu kreieren. Auf 100 g Sahne können Sie je nach Geschmack 115–300 g dunkle Kuvertüre oder 150–400 g Vollmilch- bzw. weiße Kuvertüre oder andere Schokoladensorten verwenden.

Ganache mit Honig

Ganache lässt sich gut mit Honig aromatisieren. Verwenden Sie ausschließlich hochwertigen Flüssighonig und achten Sie darauf, dass der Honig nicht kristallisiert ist. Geben Sie den Honig mit der Sahne in den Topf, sodass er mit erwärmt wird. Wenn Sie Ihre Ganache mit Honig verfeinern möchten, berechnen Sie die Zutaten folgendermaßen:

- Die Honigmenge beträgt 10–20 % der Menge der Grundmasse (Sahne und Kuvertüre lt. Tabelle zusammengerechnet).
- Die Angabe für die Kuvertüre um die Hälfte der Honigmenge erhöhen.
- Ein Drittel des Gewichts des Honigs an Butter zugeben.

Beispiel: Für eine Vollmilch-Ganache zum Füllen einer Torte (Grundmasse lt. Tabelle aus Sahne und Kuvertüre = 300 g) mit 20 % Honiganteil (20 % der Grundmasse = 60 g) erhöhen Sie den Kuvertüreanteil um 30 g (= die Hälfte von 60 g) und geben 20 g Butter (= ein Drittel von 60 g) zu. Sie brauchen also 100 g Sahne, 230 g Kuvertüre, 60 g Honig und 20 g Butter.

Ganache mit Kaffee

Für eine Ganache mit Kaffeearoma verwenden Sie ca. 35 g lösliches Kaffeepulver oder mehr nach Geschmack.

1 Kaffeepulver und Sahne in einem Topf verrühren, bei mittlerer Temperatur aufkochen und 2–3 Minuten ziehen lassen.

2 Die Flüssigkeit durch ein feines Sieb geben. Anschließend erneut aufkochen und gemäß Grundrezept (siehe oben) weiterarbeiten.

Ganache mit Likör oder Branntwein

Wenn Sie Ihre Ganache mit Alkohol verfeinern möchten, geben Sie Branntwein (37–60 Volumenprozent) oder Likör mit der Schokolade in die Masse. Berechnen Sie die Zutaten folgendermaßen:

• Die Branntwein- oder Likörmenge beträgt 5–10 % der Grundmasse (Kuvertüre und Sahne lt. Tabelle zusammengerechnet).

• Die Angabe für die Kuvertüre um die Hälfte erhöhen.

• Die Hälfte des Gewichts des Likörs oder Branntweins an Butter zugeben.

Beispiel: Für eine Vollmilch-Ganache zum Füllen einer Torte (Grundmasse lt. Tabelle aus Sahne und Kuvertüre = 300 g) mit 10 % Likör- oder Branntweinanteil (10 % der Grundmasse = 30 g bzw. 30 ml) erhöhen Sie den Kuvertüreanteil um 100 g (= die Hälfte von 200 g) und geben 15 g Butter (= die Hälfte von 30 g) zu. Sie brauchen also 100 g Sahne, 300 g Kuvertüre, 30 ml Likör oder Branntwein und 15 g Butter.

Ganache mit Glukose

Durch die Zugabe von Glukose bleibt die Ganache länger zart im Schmelz und bekommt einen schöneren Glanz.

100 g Sahne • 16–33 g Glukosesirup (5–10 % der Grundmasse lt. Tabelle)
230 g dunkle Kuvertüre, alternativ 280 g Vollmilch- oder 300 g weiße Schokolade
15 g Butter

Den Glukosesirup mit der Sahne in einem Topf erhitzen und gemäß Grundrezept weiterarbeiten (siehe Seite 29).

Butter-Ganache

100 g Butter • 50 g Puderzucker oder Fondant (flüssige Zuckerglasur)
200 g Zartbitterkuvertüre, alternativ 250 g Vollmilch- oder weiße Kuvertüre

1 Butter und Puderzucker in einer Schüssel schaumig rühren.

2 Die Kuvertüre in einem Topf bei mittlerer Temperatur auf 40–45 °C erwärmen und schmelzen lassen. Die geschmolzene Schokolade langsam unter die Butter-Zucker-Masse rühren. Auskühlen lassen.

BUTTERCREME

Wenn Sie Rollfondant mit Buttercreme kombinieren wollen, müssen Sie darauf achten, dass die Buttercreme möglichst wenig Wasser enthält. Denn Wasser löst den Zucker im Rollfondant auf. Die deutsche Buttercreme (siehe Seite 33) beispielsweise, die mit Vanillepudding zubereitet wird, scheidet als Unterlage für einen Rollfondantüberzug aus, denn Pudding enthält viel Flüssigkeit. Zum Einstreichen besser geeignet sind Buttercremes, die hauptsächlich aus Zucker und Fett bestehen. Die folgenden Buttercremes können Sie sowohl zum Füllen als auch zum Einstreichen einer Torte, die mit Rollfondant eingedeckt werden soll, verwenden.

Einfache Buttercreme

250 g Butter, weich • 200–250 g Puderzucker, gesiebt

1 Die Butter in einer Schüssel mit dem Rührbesen gut aufschlagen.

2 Puderzucker zugeben und zu einer homogenen Masse verrühren.

Hinweis: Mit 200 g Puderzucker wird die Creme nicht so süß, aber auch weniger fest. Wenn Sie eine stabile Buttercreme benötigen, verwenden Sie 250 g Puderzucker.

Amerikanische Buttercreme

250 g Butter, weich • 375 g Puderzucker, gesiebt • 3 EL warmes Wasser, alternativ Milch oder Sahne • 1 TL Vanille-Extrakt • 1 Prise Salz

1 Die Butter in einer Schüssel schaumig schlagen.

2 Den Puderzucker in drei Portionen unterrühren, dabei esslöffelweise Wasser zufügen, um die gewünschte Konsistenz zu erreichen.

3 Zum Schluss Vanille-Extrakt und Salz unterrühren.

Tipp: Für eine noch festere Creme, die eine Kruste bildet, können Sie die Puderzuckermenge bis auf 500 g erhöhen.

Italienische Buttercreme

Italienische Buttercreme besteht nicht nur aus Zucker und Butter, sondern auch aus Eiweiß. Dadurch bekommt sie einen noch feineren Geschmack und eine schöne helle Farbe.

3 (90 g) Eiweiß (Größe M) • 150 g feiner Zucker • 250 g Butter, weich

1 Eiweiße und Zucker in einer Schüssel über dem heißen Wasserbad (ca. 80 °C) unter ständigem Rühren erwärmen, bis sich der Zucker vollständig gelöst hat (die Masse darf nicht wärmer als 50–55 °C werden).

2 Die Masse anschließend kalt schlagen, bis sie eine feste Konsistenz hat.

3 Die Butter in vier Portionen unterrühren.

Crumb Coat (Krümelbinder)

Diese einfache Buttercreme ist ideal zum Glätten einer Torte, bevor sie mit der eigentlichen Creme überzogen wird. Auf diese Weise werden Teigkrümel gebunden, sodass sie sich nicht mit der Creme vermischen. Daher wird diese Creme auch „Krümelbinder" genannt.

250 g Butter, weich * 2–3 EL Puderzucker, gesiebt

Butter und Puderzucker in einer Schüssel cremig rühren. Anschließend die Creme mit einer Winkelpalette rundherum auf die Torte streichen.

Buttercreme mit Aromen verfeinern

Buttercremes lassen sich gut geschmacklich mit Aromen verfeinern. Dafür können Sie Aromazucker oder -salz wie z. B. Vanillezucker oder Zitronensalz, aber auch ätherische Öle in Lebensmittelqualität wie beispielsweise Rosenöl verwenden. Dosieren Sie zunächst sparsam und würzen Sie ggf. nach. Beginnen Sie bei aromatisiertem Salz mit einer Prise, bei Zucker darf es etwas mehr sein. In ätherischen Ölen sind die Aromen hochkonzentriert, daher sind ein oder zwei Tropfen meist ausreichend. Manche Hersteller geben an, wie viele Tropfen Öl pro Kilogramm oder Liter verwendet werden sollten.

Buttercreme mit Früchten verfeinern

Die italienische Buttercreme hat wenig Eigengeschmack und lässt sich daher gut mit Fruchtpürees wie Erdbeer- oder Himbeerpüree aromatisieren. Dazu eine oder zwei Handvoll geputzte Erdbeeren oder Himbeeren in einem Topf bei niedriger Temperatur ohne oder mit wenig Zucker 30 Minuten köcheln lassen. Nach Geschmack Zitronen- oder Limettensaft bzw. -abrieb zugeben. Je nach gewünschter Farb- und Geschmacksintensität 3–5 EL Fruchtpüree unter die Creme rühren.

Buttercreme einfärben

Buttercreme lässt sich auch mit Lebensmittelfarbe einfärben. Verwenden Sie dazu ausschließlich Gel- bzw. Pastenfarbe, bei flüssiger Farbe kann die Creme grobkörnig werden. Die Lebensmittelfarbe nach und nach je nach gewünschter Farbintensität mit der Creme verrühren.

Nicht rollfondanttaugliche Cremes

Cremes, die mit Sahne, Milch, Pudding, Mascarpone, Joghurt oder Frischkäse zubereitet werden, dürfen nicht mit Rollfondant in Kontakt treten. Der Grund liegt in dem hohen Wassergehalt dieser Cremes, wodurch sich der Zucker im Rollfondant auflösen würde. Zum Einstreichen einer Torte als Unterlage für den Rollfondant sind diese Cremes nicht geeignet. Sie können diese Cremes jedoch zum Füllen von Torten verwenden. Im Anschluss daran muss die Torte mit einer rollfondanttauglichen Creme eingestrichen werden, um den Rollfondant vor der Füllung zu schützen. Achten Sie dabei darauf, dass keine Creme der Füllung an den Seiten der Torte herausquillt.

DEUTSCHE BUTTERCREME

Das Besondere an der deutschen Buttercreme ist, dass sie neben Butter und Puderzucker mit Vanillepudding zubereitet wird. Dadurch wird sie cremig und gehaltvoll.

1 Päckchen Vanillepuddingpulver • 2 EL Zucker • 500 ml Milch • 250 g Butter, weich
30 g Puderzucker, gesiebt

1 Vanillepuddingpulver und Zucker mit 5–6 EL Milch in einer kleinen Schüssel glatt rühren. Die restliche Milch in einem Topf bei mittlerer Temperatur aufkochen. Das angerührte Puddingpulver unterrühren und unter Rühren kurz aufkochen lassen. Den Pudding in eine Schüssel füllen, mit Frischhaltefolie bedecken, damit sich keine Haut bildet, und auf Zimmertemperatur abkühlen lassen.

2 Die Butter in einer Schüssel mit dem Rührbesen gut aufschlagen. Den Puderzucker zugeben und die Masse schaumig rühren.

3 Den abgekühlten Vanillepudding kurz aufschlagen. 250 g Pudding abwiegen und unter die Butter-Zucker-Masse rühren.

Buttercreme aromatisieren

Deutsche Buttercreme lässt sich mit Früchten, ätherischen Ölen in Lebensmittelqualität oder auch Schokolade aromatisieren. Achten Sie darauf, dass Früchte vorher stehts gekocht und zu Püree verarbeitet werden müssen; frische Früchte machen die Creme grisselig. Das Fruchtpüree rühren Sie einfach in den noch warmen Pudding ein. Für Schokoaroma verwenden Sie Schokoladen- anstatt Vanillepudding. Wer es noch schokoladiger mag, rührt geraspelte Schokolade in den noch warmen Pudding. Auch mit Cassispulver oder einem anderen Fruchtpulver erhält die Buttercreme ein fruchtiges Aroma. Ätherische Öle geben Sie tropfenweise in den noch warmen Pudding, bis das gewünschte Aroma erreicht ist.

FRISCHKÄSECREME

Frischkäsecreme wird häufig verwendet, um Cupcakes zu verzieren. Die Creme wird dazu in einen Spritzbeutel mit Sterntülle gefüllt und als Häubchen oder Rosette auf die Minitörtchen aufgespritzt. Häufig werden die Toppings durch weitere Zierelemente oder Zuckerstreusel ergänzt.

Frischkäsecreme mit Aromen verfeinern

Die Frischkäsecremes lassen sich gut mit frischen Beeren, Konfitüre oder ätherischen Ölen in Lebensmittelqualität geschmacklich verfeinern. Dazu eine Handvoll frische Beeren ganz oder püriert unter die fertige Masse heben. Alternativ Konfitüre esslöffelweise oder ätherische Öle tropfenweise zugeben, bis der gewünschte Geschmack erreicht ist.

Frischkäsecreme 2:1

Diese Creme besteht hauptsächlich aus Frischkäse und Puderzucker. Dabei steht die Menge von Frischkäse und Puderzucker im Verhältnis 2:1. Diese Frischkäsecreme ist ideal, um Rosetten oder andere Dekorationen auf Cupcakes aufzuspritzen.

Für 12–16 Cupcake-Toppings

300 g Frischkäse (Doppelrahmstufe), kalt • 150 g Puderzucker, gesiebt • 1 Prise Salz

Die Zutaten in einer Schüssel glatt rühren. Nach Wunsch mit Aromen (siehe Kasten) verfeinern.

Frischkäsecreme 1:1:3

Diese Creme wird hauptsächlich aus Butter, Frischkäse und Puderzucker zubereitet. Dabei stehen die Mengen dieser drei Zutaten im Verhältnis 1:1:3. Diese Frischkäsecreme ist ideal, um Krönchen oder andere Dekorationen auf Cupcakes aufzuspritzen.

Für 12–16 Cupcake-Toppings

100 g Butter, weich • 100 g Frischkäse (Doppelrahmstufe), kalt • 300 g Puderzucker, gesiebt 1 Prise Salz

Die Zutaten in einer Schüssel glatt rühren. Nach Wunsch mit Aromen (siehe Kasten) verfeinern.

Frischkäsecreme 1:6

Die Creme aus Butter, Puderzucker und Schichtkäse eignet sich gut, um Cupcake-Toppings oder Rosetten aufzuspritzen.

Für 12–16 Cupcake-Toppings

100 g Butter, weich • 600 g Frischkäse (Doppelrahmstufe), kalt
215 g Puderzucker, gesiebt

1 Die Butter in einer Schüssel mit dem K-Haken (Paddle) der Küchenmaschine oder dem Rührbesen aufschlagen. Den Frischkäse in einer zweiten Schüssel mit dem Schlagarm aufschlagen.

2 Den Frischkäse zur Butter geben und verrühren. Den Puderzucker unterrühren.

3 Nach Wunsch mit Aromen (siehe Kasten) verfeinern.

Frischkäsecreme mit Schokolade

Für 12–16 Cupcake-Toppings

175 g Frischkäse (Doppelrahmstufe) e, kalt • 100 g Butter, weich • 250 g Puderzucker
40 g Kakaopulver • 2 Prisen Salz • Mark von 1 Vanilleschote

1 Frischkäse und Butter in einer Schüssel mit dem K-Haken (Paddle) der Küchenmaschine ca. 3 Minuten bei mittlerer Geschwindigkeit cremig rühren.

2 Puderzucker, Kakaopulver und Salz sieben, zufügen und die Creme 1 Minute bei mittlerer Geschwindigkeit weiterrühren.

3 Vanillemark zugeben und eine weitere Minute rühren.

Frischkäsecreme einfärben

Ganz gleich, ob für Kindergeburtstage oder andere Feiern – Cupcakes mit bunter Frischkäsecreme sind echte Hingucker. Um die Frischkäsecreme einzufärben, verwenden Sie am besten Lebensmittelpastenfarbe (siehe Seite 72 und 81).
Da die Pastenfarben hochkonzentriert ist, rühren Sie immer nur ein wenig auf einmal in die Creme und prüfen zunächst die Farbintensität. Meist genügt eine Messerspitze. Achten Sie darauf, dass die Farbergebnisse unterschiedlich sein können, wenn Sie Frischkäsecreme und Rollfondant in derselben Farbe einfärben möchten. Probieren Sie am besten zunächst an geringen Mengen aus, wie die Lebensmittelfarbe in beiden Massen zur Geltung kommt.

MIRROR GLAZE

Mirror Glaze ist ein Überzug, der auf Torten oder anderem Gebäck spiegelglatte Oberflächen erzeugt. Mit Lebensmittelpastenfarbe lässt er sich beliebig einfärben. Torten, die mit Spiegelglanz überzogen werden sollen, müssen sehr gut gekühlt sein. Die Torte dazu mindestens 2 Stunden bei 3–5 °C (unteres Kühlschrankfach) kalt gestellt werden. Zur Verwendung mit Rollfondant ist Mirror Glaze nicht geeignet, aber eine gute Alternative dazu.

Ergibt ca. 750 ml Mirror Glaze (für einen Kuchen, ø 26–28 cm)

10 g Gelatine • 135 ml Wasser • 150 g Zucker • 150 g Glukose • 100 g gezuckerte Kondensmilch • 150 g Kuvertüre, fein gehackt • Lebensmittelpastenfarbe, optional

1 Die Gelatine in einer Schüssel mit 60 ml Wasser vermischen und ca. 10 Minuten quellen lassen.

2 Zucker, Glukose und 75 ml Wasser in einem Topf auf ca. 103 °C erhitzen. Die Gelatine einrühren und den Herd abschalten.

Tipp: Anstatt weißer Kuvertüre können Sie auch Vollmilch- oder dunkle Kuvertüre verwenden.

3 Gezuckerte Kondensmilch und Kuvertüre zugeben und die Kuvertüre unter Rühren 2–3 Minuten schmelzen lassen.

4 Die Masse mit dem Stabmixer aufschlagen und durch ein feines Sieb passieren. Nach Wunsch mit Lebensmittelpastenfarben einfärben.

5 Auf Körpertemperatur abkühlen lassen und sofort verwenden. Alternativ über Nacht in den Kühlschrank stellen und am nächsten Tag vor der Verwendung flüssig erwärmen.

Mirror Glaze lässt sich auch hervorragend für Drip Cakes (siehe Seite 14) verwenden. Mit Mirror-Glaze-Resten können Sie Cake Pops überziehen.

Mirror Glaze mit Kontraststreifen

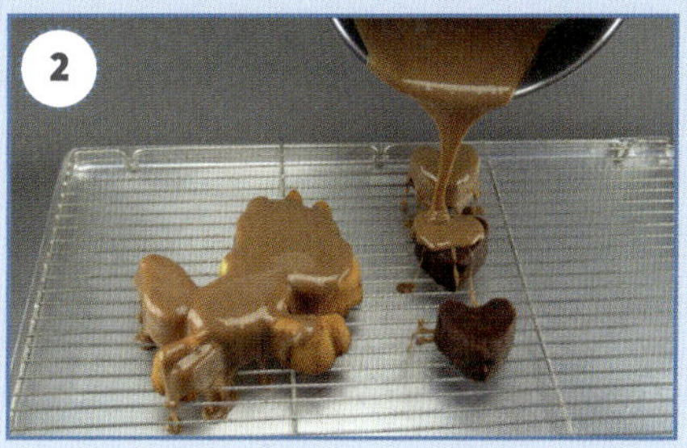

1 Das Gebäck vor dem Glasieren ca. 1 Stunde in den Kühlschrank stellen. Anschließend herausnehmen und auf ein Kuchengitter setzen.

2 Den Mirror Glaze flüssig erwärmen und das Gebäck damit überziehen. Das Gebäck anschließend erneut ca. 1 Stunde in den Kühlschrank stellen.

3 Anschließend mit einem Stäbchen kontrastfarbigen Mirror Glaze in Streifen auftragen.

4 Zum Schluss nach Wunsch mit Goldspray und Zuckerdeko verzieren.

Muffins mit spiegelndem Marmoreffekt

1 Für einen Marmoreffekt einen Teil Mirror Glaze mit Pastenfarbe einfärben. Dazu zunächst eine Messerspitze Pastenfarbe einrühren.

2 Je nach gewünschtem Farbton mehr Pastenfarbe einrühren.

3 Ungefärbten Mirror Glaze zugeben und nur leicht verrühren.

4 Muffin in den marmorierten Mirror Glaze eintauchen. Trocknen lassen.

5 Nach Wunsch mit Goldspray besprühen.

Torten füllen und einstreichen

Stabile Sahne

Damit Sahnefüllungen stabil bleiben, sollte die Sahne nach dem Schlagen so steif sein, dass sie nicht herausläuft, wenn Sie die Rührschüssel auf den Kopf stellen.

Drei oder fünf Böden?

Bei Sahnetorten sind die Böden und die Sahnefüllungen dicker als bei Cremetorten. Einen 6 cm hohen Boden teilt man bei Sahnetorten nur in drei Böden, bei Cremetorten kann man diesen Boden bis zu fünfmal teilen.

TORTENBÖDEN TEILEN

Bevor Sie ans Füllen der Torte gehen, überlegen Sie zunächst, aus wie vielen Schichten Boden und Füllung die Torte jeweils bestehen soll. Die Böden sollten mindestens 2 cm stark sein. Bei Naked Cakes und Drip Cakes kann die Füllung bis zu 4 cm hoch sein. Je höher die Füllung, desto instabiler wird der Kuchen. Bei Torten, die mit Rollfondant eingedeckt werden oder eine umfangreiche Rollfondantdekoration bekommen sollen, empfiehlt es sich daher, die Torte aus mehreren dünnen Böden mit mehreren dünnen Schichten Füllung aufzubauen, um sie stabil zu machen. Ein Verhältnis von 2 cm dünnen Böden und 2 cm hoher Füllung ist in diesem Fall ideal. Vor allem bei Buttercremefüllungen sollte die Stärke von Füllung und Boden gleich sein.

Tortenböden waagerecht teilen

Um eine Torte zu füllen, werden die Tortenböden zunächst waagerecht geteilt. Dabei ist wichtig, dass die Böden alle gleich stark und rundherum gleichmäßig geschnitten sind. Professionell klappt das Schneiden mit einer Kuchensäge, bei der man die Schnitthöhe einstellen kann. Aber auch mithilfe eines Lineals und Zahnstochern lassen sich gleichmäßige Tortenböden schneiden.

1 Die Höhe der Schneidelinie bestimmen und auf dieser Linie rundherum Zahnstocher etwa zur Hälfte in den Boden einstechen.

2 Anschließend mit einem großen Messer die Torte waagerecht durchschneiden, dabei die Zahnstocher als Führungshilfe verwenden. Alternativ können Sie auch einen Bindfaden auf den Zahnstochern rund um die Torte führen, die Enden über-kreuz legen und dann auseinanderziehen, sodass der Faden die Torte sauber durchschneidet.

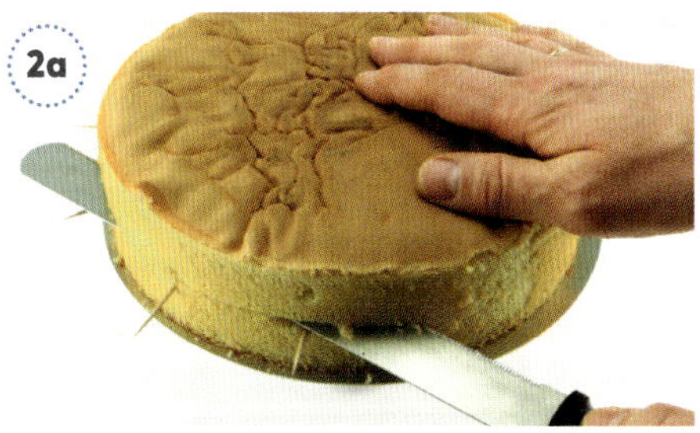

EINE TORTE FÜLLEN

Zum Füllen einer Torte können Sie sowohl rollfondanttaugliche (siehe Seite 28) als auch nicht rollfondanttaugliche Cremes (siehe Seite 33) verwenden. Achten Sie darauf, dass nicht rollfondanttaugliche Cremes, aber auch Sahnefüllungen keinesfalls mit Rollfondant in Berührung kommen dürfen, da sie einen zu hohen Wassergehalt haben. Bei solchen Füllungen muss die gefüllte Torte rundherum mit einer Schutzschicht aus Ganache oder rollfondanttauglicher Buttercreme eingestrichen werden.

Es gibt zwei verschiedene Arten, eine Torte zu füllen: entweder frei Hand oder im Tortenring. Anfänger sollten ihre Torten im Ring füllen (siehe Seite 40), da hierbei nichts verlaufen kann und ein gleichmäßiges Füllen einfacher ist.

Frei Hand füllen

1 Den unteren Tortenboden auf einen drehbaren Tortenteller legen und mit der Winkelpalette mit Creme bestreichen, dabei den Tortenteller von Zeit zu Zeit drehen, damit die Creme gleichmäßig dick aufgetragen wird.

2 Überschüssige Creme am Rand mit der Palette abtragen und den Rand mit der Palette glätten.

3 Den zweiten Tortenboden passgenau aufsetzen, leicht andrücken und erneut Creme mit der Palette auftragen.

4 Die weiteren Böden aufsetzen und jeweils Schritt 3 wiederholen. Zum Schluss den Tortendeckel aufsetzen und leicht andrücken.

Im Tortenring füllen

1 Den unteren Boden in den Tortenring legen, die Creme mit der Winkelpalette auftragen und glatt streichen, dabei die Creme bis an den Tortenring streichen. Alternativ können Sie die Creme auch mit Randgarniertülle und Spritzbeutel (siehe unten) aufspritzen.

2 Den nächsten Boden passgenau in den Tortenring legen, leicht andrücken und erneut Creme mit der Palette auftragen und glatt streichen.

3 Die weiteren Böden aufsetzen und jeweils Schritt 2 wiederholen. Zum Schluss den Tortendeckel aufsetzen und leicht andrücken.

Spachtel-Hilfe

Sollte die Winkelpalette nicht steil genug sein, um die erste Schicht Füllung auf dem unteren Boden gleichmäßig zu verteilen, können Sie auch einen Spachtel verwenden.

Mit der Randgarniertülle füllen

Zum gleichmäßigen Befüllen einer Torte kann man die Randgarniertülle verwenden.

1 Creme oder Sahne in den Spritzbeutel mit Randgarniertülle füllen.

2 Mit der Spritztülle die Füllung zunächst entlang des äußeren Rands des Tortenbodens kreisförmig aufspritzen.

3 Innerhalb des ersten Kreises einen zweiten Kreis aus Füllung aufspritzen.

4 Zum Schluss die Mitte füllen.

EINE TORTE EINSTREICHEN

Zum Einstreichen einer Torte können Sie grundsätzlich jede Creme, Ganache oder auch Sahne verwenden. Wenn die Torte anschließend jedoch mit Rollfondant überzogen werden soll, muss die Creme rollfondanttauglich sein (siehe Seite 28).

1 Die Torte auf einen Drehteller setzen, die Creme oder eine andere Masse zum Einstreichen in einen Spritzbeutel mit Randgarniertülle füllen.

2 Die Creme zunächst mit dem Spritzbeutel mit Randgarniertülle rundherum auf den Tortenrand aufspritzen.

3 Die Creme am Rand mit einem Spachtel glatt streichen.

4 Die Creme auf dem Tortendeckel von außen nach innen aufspritzen.

5 Die Creme auf dem Tortendeckel mit einem Spachtel glatt streichen.

6 Zum Schluss die Creme rundherum mit der Winkelpalette glätten, dabei alle Unebenheiten ausgleichen.

7 Die Creme am Rand von unten nach oben und auf dem Deckel von innen nach außen glatt streichen, sodass eine saubere Kante entsteht.

Die Torte isolieren

Wird zum Füllen der Torte eine nicht rollfondanttaugliche Creme (siehe Seite 33) oder Sahne verwendet, muss die Torte isoliert werden, bevor Sie sie mit Rollfondant eindecken. Die Isolierung soll verhindern, dass die unverträgliche Füllung aus dem Torteninneren dringt und den Rollfondantüberzug auflöst. Zum Isolieren können Sie die Torte entweder mit einer rollfondanttauglichen Buttercreme oder Ganache (siehe Seite 28) einstreichen oder Sie isolieren die Torte mit einer Biskuitschicht.

1 Einen dünnen (Rezept für die Biskuitroulade mit einem Drittel der Zutaten; siehe Seite 11) Biskuitboden backen und auskühlen lassen.

2 Die Torte in mehrere Böden teilen und füllen.

3 Die Torte mithilfe einer Winkelpalette rundherum mit steif geschlagener Sahne einstreichen. Die Sahne dient später als Kleber, damit der Biskuit besser haftet.

4 Aus dem Biskuit Streifen schneiden, die etwa so breit sind wie die Torte hoch. Die Gesamtlänge der Streifen entspricht dem Tortenumfang.

5 Einen verstellbaren Tortenring etwas größer als den Durchmesser der Torte einstellen und um die Torte setzen.

6 Die Biskuitstreifen rundherum zwischen Tortenring und Torte schieben.

7 Den Tortenring festziehen und die Torte über Nacht kalt stellen.

EINSTREICHEN MIT FARBVERLAUF

Schöne Effekte lassen sich mit Farbverläufen in der Buttercreme erzielen. Zum Färben der Buttercreme eignen sich Lebensmittelgel- oder Pastenfarben, flüssige Lebensmittelfarbe oder Puderfarben. Füllen Sie die gewünschte Menge Buttercreme zum Färben in eine Schale und geben Sie nach und nach geringe Mengen der jeweiligen Farbe hinzu. Die Lebensmittelfarben sind sehr intensiv, meist genügt sehr wenig Farbe. Die Buttercreme gut verrühren, bis der gewünschte Farbton erreicht ist.

1 Für einen Farbverlauf die Buttercreme in den gewünschten Farben einfärben. Die Torte mit der Buttercreme im Grundfarbton rundherum einstreichen.

2 Die farbige Buttercreme mithilfe einer kleinen Palette in kleinen Klecksen auf die Torte tupfen.

3 Die Buttercremekleckse mit dem Spachtel glatt ziehen …

4 … und dabei verteilen, sodass ein Farbverlauf entsteht.

Buttercreme im Wunschfarbton

Von Natur aus ist Buttercreme leicht gelblich (Foto links). Dadurch bekommen die Lebensmittelfarben beim Färben oft einen anderen Ton. Damit Sie genau Ihren Wunschfarbton bekommen, können Sie die Buttercreme vor dem eigentlichen Färben zunächst mit Icing Whitener weiß färben (Foto rechts) und dann erst mit der Lebensmittelfarbe vermischen.

Mehrstöckige Torten

PASSENDE BÖDEN UND FÜLLUNGEN

Beim Aufbau mehrstöckiger Torten ist es wichtig, die richtigen Tortenböden zu wählen. Je höher die Torte werden soll, desto stabiler müssen die Böden sein. Auch die Füllungen sollten bei sehr hohen Torten variiert werden, wobei in den unteren Etagen die schweren und festen Cremes wie zum Beispiel Ganache und weiter oben die eher weicheren Cremes wie etwa Sahnecreme zum Einsatz kommen sollten.

Idealer Aufbau einer vierstöckigen Torte

TORTENBÖDEN STAPELN

Stabile Tortenböden wie die Spanische Vanilletorte oder die Sachertorte können ohne Füllung über zwei bis drei Etagen ohne Stützen und ohne Tortenplatten gestapelt werden. Sobald die Torten jedoch mit Creme oder Sahne gefüllt sind, werden grundsätzlich Stützen benötigt, damit die Torten stabil bleiben. Als Stützen können Sie dünne Cakeboards und Stäbe aus lebensmittelechtem Kunststoff (z. B. von Coximus) oder ein spezielles Tortenständersystem verwenden (z. B. SPS-System, siehe Foto links), wie es auch in der Konditorei zum Einsatz kommt. Ab vier Etagen sollte eine mehrstöckige Torte prinzipiell immer gestützt werden.

Spezielle Stützsysteme, die auch im Profibereich eingesetzt werden, können wiederverwendet werden. Dabei werden die Stützen wie eine Art Dübel in das Cakeboard gesteckt oder geschraubt und geben der mehrstöckigen Torte so den perfekten Halt.

Mit Tortenstützen stapeln

1 Die Höhe der unteren Torte bestimmen und die Tortenstützen auf die Höhe der Torte einkürzen.

2 Die Tortenstützen mittig und etwas verteilt in die untere Torte stecken.

3 Ein dünnes Cakeboard mit dem exakten Durchmesser der zu stapelnden Torte mittig auf die untere Torte legen, sodass es von den Tortenstützen gehalten wird.

4 Die nächste Torte mithilfe der Winkelpalette auf das Cakeboard setzen. Schritt 1–4 mit der gewünschten Anzahl an Torten wiederholen.

Die Höhe variieren

Die Tortenstützen können Sie mit einem Seitenschneider oder einer Schere beliebig einkürzen, um sie an die Höhe der Torte anzupassen. Auf saubere und gerade Schnittkanten achten; durch unsaubere Schnittkanten können Torten instabil werden.

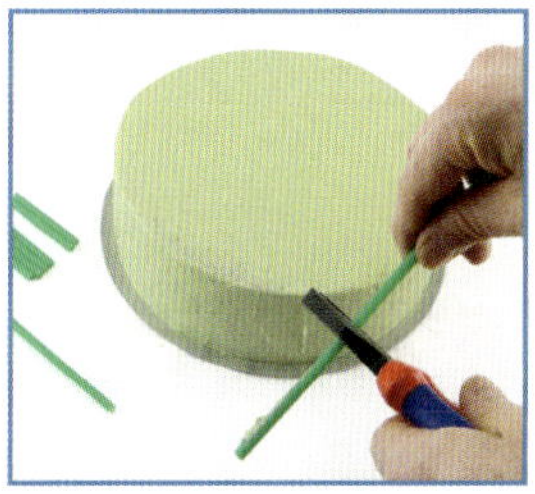

Den Kuchen passend zuschneiden

Falls Sie für die zu stapelnde Torte keine passende Kuchenbackform besitzen, können Sie auch eine große Torte auf die passende Größe zurechtschneiden.

1 Das Cakeboard auf den fertig gefüllten Kuchen legen. Mit einem langen Messer die Torte senkrecht rund um den Rand des Cakeboards einschneiden.

2 Das Cakeboard entfernen. Den äußeren Kuchenrand senkrecht in mehrere Stücke schneiden und diese nach und nach entfernen. Anschließend die Torte stapeln.

Tipp: Die Böden immer erst über Nacht im Kühlschrank ruhen lassen, nie frisch schneiden. Die abgeschnittenen Reste eignen sich gut für Cake Pops.

Jacobi Decor GmbH • Maarstraße 72

Grundwissen über Rollfondant

Rollfondant kaufen

WAS IST ROLLFONDANT?

Die feste Zuckermasse, aus der sich Tortenüberzüge oder dekorative Figuren modellieren lassen, wird umgangssprachlich als „Fondant" bezeichnet. Der Konditor kennt unter diesem Begriff jedoch etwas ganz anderes, nämlich eine flüssige bis feste Zuckerglasur, die auf ca. 36 °C erwärmt und auf Kuchen oder anderes Gebäck gestrichen wird. Im Unterschied dazu nennen Pâtisserie-Profis die Zuckerpaste, die sich kneten, ausrollen und beliebig formen lässt und mit der Torten eingedeckt und dekoriert werden können, Rollfondant.

Rollfondant besteht aus den Grundzutaten Puderzucker, Glukosesirup und Pflanzenfett. Damit die Zuckermasse elastisch bleibt und dennoch stabil ist, wird als Bindemittel Carboxymethylcellulose, kurz CMC (E466), und/oder Traganth (E413) zugegeben (siehe Seite 55). Glyzerin sorgt für Geschmeidigkeit. Häufig enthält gebrauchsfertiger Rollfondant Säuerungsmittel für eine längere Haltbarkeit sowie Aromen. Die industriell gefertigte Masse wird in geschlossenen Systemen erwärmt und geknetet und nach kurzer Reifezeit verpackt. Der in der Regel weiße Rollfondant kann beliebig mit Lebensmittelfarbe gefärbt oder mit Aromen geschmacklich variiert werden.

Veganer Rollfondant

Bei der Wahl des passenden Produkts spielt häufig auch die Ernährungsweise eine Rolle. Wer sich vegan ernährt, findet im Handel Rollfondants ohne tierische Emulgatoren wie Gelatine. Achten Sie darauf, dass auch bestimmte Farben wie beispielsweise der rote Farbstoff Karmin organischer Herkunft sein können.

Rollfondant im Handel

Gebrauchsfertiger Rollfondant ist mittlerweile in vielen Supermärkten oder im Onlinehandel erhältlich. Jeder Hersteller hat seine eigene Rezeptur. Achten Sie beim Kauf von Rollfondant auf eine gute Qualität, damit das Ergebnis später auf der Torte zufriedenstellend ist. Qualitativ hochwertiger Rollfondant besteht aus sehr feinem Puderzucker. Dies hat zur Folge, dass die Masse elastischer und durch die Lichtbrechung optisch weißer ist. Als Bindemittel für Rollfondant wird meist CMC (E466) verwendet. In hochwertigen Rollfondants wird Traganth (E413) eingesetzt, ein pflanzliches Bindemittel, das den Rollfondant aufgrund der höheren Viskosität elastischer macht. Traganth ist darüber hinaus besonders säurestabil. So verliert der Rollfondant durch die Zugabe von Säuerungsmitteln oder Aromen nicht zusätzlich an Stabilität. Achten Sie beim Kauf von weißem Rollfondant darauf, dass die Masse keinen weißen Farbstoff (E171) enthält. Wenn der Hersteller Rohstoffe in bester Qualität verwendet, ist die Zugabe von weißem Farbstoff nicht erforderlich. Der Rollfondant sollte darüber hinaus nicht zu stark aromatisiert sein. Enthält der Rollfondant bereits zu viel Aroma, können Sie ihn selbst geschmacklich kaum verändern. Außerdem passt das Aroma möglicherweise nicht zur Geschmacksrichtung der jeweiligen Torte.

WELCHER ROLLFONDANT WOFÜR?

Bevor Sie Rollfondant kaufen, sollten Sie sich darüber im Klaren sein, wofür Sie ihn verwenden möchten. Denn den perfekten Rollfondant, der für alle Projekte geeignet ist, gibt es leider nicht. Je nach Einsatzbereich muss der Rollfondant unterschiedlichen Anforderungen genügen. Ein Rollfondant zum Eindecken einer flachen Torte muss beispielsweise anders beschaffen sein als ein Rollfondant zum Modellieren von Figuren. Leider verraten die Angaben zu Inhaltsstoffen o. Ä. auf der Verpackung kaum etwas über die Verwendungsmöglichkeiten. Meist hilft nur, verschiedene Rollfondants auszuprobieren und im Lauf der Zeit einen Favoriten bzw. verschiedene Sorten für jeweils unterschiedliche Einsatzbereiche herauszufinden. Natürlich ist es auch möglich, Rollfondant durch die Zugabe von Inhaltsstoffen zu modifizieren (siehe Seite 52 ff.).

Rollfondant zum Bemalen

Um die Torte mit Airbrush oder Bauernmalerei (siehe Seite 83 ff.) zu verzieren, braucht man Rollfondant, der eine Haut zieht, dessen Oberfläche also schnell trocknet. Denn nur so nimmt er die Farbe, die aufgetragen wird, gut an. Bei Rollfondant, der keine Haut zieht, würde die Farbe durch die grobporige Oberfläche verlaufen. Rollfondant, der als Bindemittel Traganth enthält, ist für diese Maltechniken ideal.

Rollfondant zum Modellieren

Rollfondant, aus dem Figuren, Tiere, Pflanzen oder Gegenstände modelliert werden, sollte nicht so schnell trocknen. Die Arbeit an sehr aufwendigen Figuren oder an der Mimik von menschlichen Gesichtern dauert unter Umständen mehrere Stunden. Wenn die Oberfläche der Zuckerpaste zu schnell trocknet, entstehen nach kurzer Zeit Risse und unsaubere Oberflächen und der Rollfondant lässt sich nicht über längere Zeit modellieren. Darüber hinaus muss der Rollfondant für diese Verwendung sehr stabil sein, damit größere Figuren nicht in sich zusammenfallen. Tipp: Kaufen Sie zum Modellieren fertigen Modellierfondant oder mischen Sie Ihren Rollfondant mit Modellierschokolade (siehe Seite 56).

Rollfondant für feine Bordüren

Für Schleifen, Bordüren und andere Dekorationen, die dünn und sehr fein sind, wie beispielsweise Schmetterlinge oder Blumen auf Draht, verwenden Sie am besten Rollfondant in Premiumqualität mit Traganth als Bindemittel und feinem Puderzucker.

Rollfondant zum Eindecken

Runde flache Torten mit einem Durchmesser von bis zu 30 cm und einer Höhe von 5–6 cm können Sie mit einem Rollfondant in günstigerer Qualität eindecken. Diese sind oft nicht so elastisch und enthalten als Bindemittel CMC (E466) und/oder Xanthan (E415). Für alle anderen Torten sollten Sie einen hochwertigen Rollfondant verwenden.

Rollfondant-Rezepte

Wer keinen Rollfondant kaufen möchte, kann ihn auch selbst herstellen. Mit folgenden einfachen Rezepten und etwas Übung geht das auch Einsteigern leicht von der Hand. Nach herkömmlichem Rezept hergestellter Rollfondant – auch die im Handel erhältlichen – enthalten meist Gelatine. Wer darauf verzichten möchte, kann stattdessen Agar-Agar verwenden.

ROLLFONDANT MIT GELATINE

Tipp: Für eine Schokoladen-Variante nur 450 g Puderzucker verwenden und dafür 50 g Kakaopulver zugeben.

5 g Gelatine * 30 ml kaltes Wasser * 3 ½ EL Glukosesirup * ¼ TL CMC-Pulver für Fondant * 500 g Puderzucker * 1 TL Glycerin in Lebensmittelqualität * 2–5 Tropfen ätherisches Öl in Lebensmittelqualität (z. B. Zitrone, Orange, Limette), optional

1 Gelatine in einem Topf 10–15 Minuten in Wasser einweichen. Den Glukosesirup einrühren und die Mischung auf dem Herd bei niedriger Hitze auf 40–60 °C erwärmen; nicht kochen oder überhitzen.

2 CMC-Pulver mit 500 g Puderzucker mischen und sieben. In einer Schüssel mit der Gelatine-Glukose-Mischung vermengen und mit dem Knethaken zu einer festen Masse verarbeiten. Zwischendurch Reste mit dem Teigschaber vom Rand kratzen, damit alle Zutaten verarbeitet werden.

3 Zum Schluss in der Küchenmaschine oder mit der Hand Glycerin und nach Wunsch zur geschmacklichen Abrundung ätherisches Öl einarbeiten.

Rollfondant lagern

Der selbst gemachte Rollfondant kann sofort verarbeitet werden. Zum Aufbewahren luftdicht in einen Gefrierbeutel verpacken und zusätzlich in ein dicht schließendes Gefäß legen, um das Austrocknen zu verhindern. Luftdicht verpackt hält sich Rollfondant 3–6 Monate bei 15–20 °C Raumtemperatur.

Veganen Rollfondant selbst herstellen

Für eine vegane Rollfondant-Variante ersetzen Sie 5 g Gelatine durch 1 TL Agar-Agar oder Sie verwenden beim Marshmallow-Rollfondant (siehe Seite 51) vegane Marshmallows.

MARSHMALLOW-ROLLFONDANT

300 g weiße Marshmallows • ca. 600 g Puderzucker • etwas Fett (Palm-, Kokos oder Erdnussfett) zum Bearbeiten

1 Eine mikrowellengeeignete Schüssel fetten. Die Marshmallows hineingeben und mit etwas Wasser beträufeln.

2 Die Marshmallows in der Mikrowelle bei ca. 800 Watt 1 ½ Minuten erwärmen, bis sie das doppelte Volumen erreicht haben. Vorsicht, die Marshmallows können sehr heiß werden!

3 Den Puderzucker sieben. Die Hälfte des Puderzuckers zu den geschmolzenen Marshmallows geben und verrühren.

4 Den restlichen Puderzucker und die Marshmallow-Masse auf die Arbeitsfläche geben. Die Hände gut einfetten ...

... und die Masse mit dem Puderzucker verkneten. Fetten Sie die Hände von Zeit zu Zeit nach, so können Sie die klebrige Masse leichter bearbeiten.

5 Den Rollfondant in Frischhaltefolie wickeln und über Nacht bei Zimmertemperatur ruhen lassen. Erst dann verarbeiten.

Tipp: Zur Arbeitserleichterung beim Kneten können Sie auch einen Standmixer in guter Qualität verwenden.

Einfärben

Der Marshmallow-Rollfondant lässt sich sehr gut mit Lebensmittelfarben einfärben. Am besten geeignet sind dafür Pasten- oder Gelfarben. Kleine Mengen Farbe einfach einkneten, bis der gewünschte Farbton erreicht ist (siehe Seite 73).

Rollfondant modifizieren

ROLLFONDANT GESCHMACKLICH VERFEINERN

Reiner Rollfondant schmeckt nur süß, da Puderzucker einer der Hauptbestandteile ist. Durch die Zugabe von diversen Aromen kann Rollfondant jedoch geschmacklich verfeinert werden. Eine solche Modifizierung ist manchmal gewünscht, um mithilfe des aromatisierten Rollfondants die Geschmacksrichtung der Torte zu unterstützen. Im Handel erhältlicher Rollfondant ist häufig vom Hersteller bereits mit Aromen versetzt. Achten Sie daher darauf, eine Masse zu finden, die von Herstellerseite nicht schon zu stark aromatisiert wurde, wenn Sie selbst Aromen zugeben möchten.

Zum Aromatisieren von Rollfondant eignen sich ätherische Öle besonders gut. Achten Sie unbedingt darauf, dass Sie das entsprechende Öl in Lebensmittelqualität verwenden. 2–3 Tropfen ätherisches Öl genügen, um ca. 200 g Rollfondant zu aromatisieren. Bei filigranen Aromen wie beispielsweise Himbeere oder Erdbeere können Sie nach Wunsch auch etwas mehr Öl verwenden. Mit folgenden Aromen können Sie der Süße des Rollfondants entgegenwirken:

- Säure (Limettenöl, Zitronenöl, Orangenöl)
- Bitteraroma (Bittermandelöl, Bitterorangenöl)
- Schärfe (Chiliöl)
- Minze (Pfefferminzöl, Spearmintöl)

Das Öl wird einfach in den Rollfondant eingeknetet. Die Zuckermasse ist danach sofort verwendungsfertig.

Aromakombinationen

Geschmacksrichtung der Torte	Rollfondantaroma
Fruchtige Torten	Zitrone, Limette, Orange
Schokoladentorten	Minze, Chili, Vanille, Zimt
Nusstorten	Bittermandel, Vanille
Kindertorten	Kaugummi

Kakaopulver

Reines Kakaopulver eignet sich gut, um Rollfondant geschmacklich zu variieren. Außerdem bekommt die Zuckermasse dadurch eine schöne braune Farbe. Für ein kaltes Hellbraun mit leichter Kakaonote kneten Sie 1–2 g Kakaopulver in 250 g Rollfondant. Für ein sehr dunkles und warmes Braun verwenden Sie 6–8 g Kakaopulver auf 250 g Rollfondant und darüber hinaus 4 g Palm-, Kokos- oder Erdnussfett, um die Elastizität zu erhalten, denn Kakaopulver wirkt wie Stärke oder Bindemittel.

Marzipan

Auch Marzipanrohmasse eignet sich gut dazu, Rollfondant geschmacklich zu verfeinern. Außerdem bekommt die Zuckermasse dadurch eine leicht beige Farbe. Verwenden Sie 50 g Marzipanrohmasse auf 150 g Rollfondant und verkneten Sie die beiden Massen ganz einfach. Die Marzipan-Rollfondant-Masse ist nicht mehr so elastisch wie reiner Rollfondant, was jedoch zur Folge hat, dass das oft etwas an Kaubonbon erinnernde Mundgefühl des Rollfondants verschwindet.

Kaffeepulver

Für ein würziges Kaffeearoma und eine schöne milchkaffeebraune Farbe 10–12 g Kaffeepulver im Mixer oder der Kaffeemühle sehr fein mahlen und in 200 g Rollfondant einkneten. Wenn Sie Bohnenkaffee verwenden, werden nach dem Einkneten kleine Kaffeespots zu sehen sein. Um das zu vermeiden, können Sie löslichen Bohnenkaffee verwenden. Dazu 4 g Instantpulver (z. B. Typ Espresso) nach Wunsch im Mörser fein mahlen und in 200 g Rollfondant einkneten. Für ein gleichmäßiges Farbbild ohne Spots nach 30 Minuten erneut durchkneten. Der Rollfondant erhält einen karamellfarbenen Ton und ein schönes Kaffeearoma.

Achtung, Aroma!

Achten Sie beim Kauf von bereits aromatisiertem Rollfondant darauf, dass das Aroma zu der Geschmacksrichtung Ihrer Torte passt. Das leicht säuerliche Zitronenaroma einiger im Handel erhältlicher Rollfondantsorten beispielsweise passt nicht zu jeder Torte und lässt sich auch nachträglich nur schwer durch andere Aromen unterdrücken.

Milchgetränkepulver

Auch Milchgetränkepulver in den Geschmacksrichtungen Erdbeere, Himbeere, Banane oder Kakao eignet sich zum Aromatisieren von Rollfondant. Dazu 20 g Pulver in 200 g Rollfondant einkneten. 15–30 Minuten ruhen lassen und anschließend erneut durchkneten. So bekommt der Rollfondant ein gleichmäßiges Farbbild und einen köstlichen Geschmack. Auch Malzgetränkepulver lassen sich auf diese Weise verarbeiten. Experimentieren Sie nach Wunsch mit Mengen und Geschmacksrichtungen.

Samtiger Effekt

Mit Milchgetränkepulver lässt sich ein samtiger Effekt auf einer Rollfondantkordel erzielen. Dazu mithilfe des Extruders (Sugar Gun) den Rollfondant zu einer Kordel pressen oder mit der Hand formen. Die Kordel anschließend in etwas Milchgetränkepulver rollen. Mit Milchgetränkepulver modifizierter Rollfondant hält sich über mehrere Stunden im Kühlschrank, ohne Feuchtigkeit zu ziehen.

Kokosnusspulver

Für ein etwas exotisches Aroma kneten Sie 10–15 g Kokosnusspulver in 200 g Rollfondant. Sollte der Rollfondant dabei etwas zu fest werden, kneten Sie 2–4 g Kokosfett ein, dadurch wird er elastischer, vor allem, wenn Sie mit dem Extruder (Sugar Gun) arbeiten möchten.

Geröstetes Sesamöl

Einen Hauch von Orient oder japanischer Küche verleiht dem Rollfondant geröstetes Sesamöl. Verwenden Sie nur Öl in guter Qualität, das fein und lieblich schmeckt. Einfach 1 TL Sesamöl in 200 g Rollfondant kneten und der Rollfondant bekommt ein Aroma, das an orientalische oder japanische Süßspeisen erinnert.

DIE KONSISTENZ MODIFIZIEREN

Zu weich, zu fettig, zu trocken … Nicht immer ist der Rollfondant, den man gerade zur Hand hat, geeignet für das, wofür man ihn verwenden möchte. Es gibt jedoch einige Tricks, wie sich Rollfondant, der Ihren Ansprüchen nicht genügt, modifizieren lässt. Mit folgenden Zusatzstoffen können Sie Rollfondant in Sachen Konsistenz, aber auch in Farbe und Geschmack verändern.

CMC (E466) und Traganth (E413)

CMC ist ein künstliches Verdickungsmittel. Die Abkürzung steht für Carboxymethylcellulose. CMC ist unter den Bezeichnungen Tylose, Sugarcel, Cellulose Gum, Tylo Powder oder der Lebensmittelzusatzstoffbezeichnung E466 bekannt. Traganth ist ein pflanzliches Verdickungsmittel. Es wird überwiegend aus dem Saft der Pflanze Astragalus gummifer gewonnen. Die Inhaltsstoffe des Traganth binden Wasser und machen daher Flüssigkeiten zähflüssig. Tranganth wird von der Lebensmittelindustrie als Geliermittel, Stabilisator und Füllstoff bei der Herstellung von Speiseeis, Desserts, Gebäckfüllungen, Suppen, Soßen und Mayonnaise verwendet. Im Handel ist Traganth auch unter den Bezeichnungen Lebensmittelzusatzstoff E413 oder Gum Tragacanth erhältlich.

Bei der Arbeit mit Rollfondant werden CMC und Traganth verwendet, um zu weiche Zuckermasse stabiler und viskoser zu machen. So lassen sich beispielsweise Figuren besser modellieren. Beide Verdickungsmittel sind in Pulverform erhältlich und werden direkt in den zu weichen Rollfondant eingeknetet. Beginnen Sie stets mit einer sehr kleinen Menge Bindemittel. Ist der Rollfondant zu weich zum Modellieren, geben Sie ca. 1 TL auf 250 g Rollfondant. Fehlt Ihren Figuren nur ein wenig Stabilität, genügt schon viel weniger! Achten Sie bei den Mengen stets auf die Herstellerangaben.

Fett

Ist der Rollfondant für Ihre Zwecke zu fest, haben Sie ggf. zu viel CMC eingeknetet oder die Masse nicht schnell genug luftdicht verpackt. In diesem Fall können Sie etwas weißes Fett unterkneten. Kokos-, Erdnuss- oder Palmfett eignen sich bestens dafür, denn diese Fette sind lange haltbar und führen bei weißem Rollfondant nicht zu Verfärbungen. Verwenden Sie ein haselnussgroßes Stück (4–5 g) für 250 g Rollfondant. Auch wenn Sie Rollfondantdekorationen mit dem Extruder (Sugar Gun) herstellen möchten, empfiehlt es sich, vorher etwas Fett unterzukneten, um die Masse elastischer zu machen.

Rollfondant, der durch die Zuckerpresse (Extruder) gedrückt werden soll, wird durch das Fett elastischer.

Butter

Für Rollfondant mit feinem Buttergeschmack kneten Sie ein haselnussgroßes Stück Butter oder Butterschmalz (4–5 g) in 250 g Rollfondant. Beides enthält nur wenig Wasser und ist dadurch zum Modifizieren von Rollfondant gut geeignet. Durch die Zugabe von Butter oder Butterschmalz bekommt der Rollfondant auch eine schöne beige Farbe. Die Haltbarkeit des Rollfondants verkürzt sich auf die Haltbarkeitsdauer der Butter.

Modellierschokolade

Um Tiere und andere Figuren modellieren zu können, benötigen Sie einen Rollfondant mit sehr guten Modelliereigenschaften. Diese können Sie mit Modellierschokolade erhöhen. Die knet- und formbare Masse auf Kuvertüre-Basis gibt es fertig zu kaufen. Verkneten Sie Modellierschokolade und Rollfondant im Verhältnis 1:4 oder 1:5, also z. B. 50 g weiße Modellierschokolade mit 200 g Premium-Rollfondant. Mit Modellierschokolade modifizierter Rollfondant kann sofort verarbeitet werden.

Glycerin

Glycerin hilft, wenn Rollfondant zu hart und zu trocken ist. Achten Sie darauf, dass Sie Glycerin in Lebensmittelqualität verwenden. Kneten Sie das Glycerin tropfenweise bis zum gewünschten Ergebnis unter. Beachten Sie, dass Glycerin bei empfindlichen Menschen Kopfschmerzen verursachen kann.

Stärke

Fertiger Rollfondant lässt sich manchmal nur schwer ausrollen oder glätten. Das ist vor allem bei sehr günstigen Qualitäten die Regel. In diesem Fall können Sie etwas Stärke unterkneten. Auch wenn der Rollfondant zu klebrig ist, lässt er sich mit diesem Trick etwas abpudern. Verwenden Sie vorzugsweise Kartoffel- oder Reisstärke, die einen nur sehr geringen mehligen Geschmack aufweisen. Grundsätzlich eignen sich aber auch Mais- oder Weizenstärke. Verwenden Sie stets nur sehr wenig Stärke auf einmal und warten Sie immer erst das Ergebnis ab. Es empfiehlt sich, jeweils nur 1 g auf einmal zuzugeben. Beachten Sie, dass Rollfondant durch die Zugabe von Stärke an Elastizität einbüßt und sich die Haltbarkeit um drei Monate verkürzt.

Gelatine

Wenn Ihr selbst gemachter Rollfondant etwas zu wenig geschmeidig oder elastisch ist, erhöhen Sie die Zugabe von Gelatine um 1–2 g. Für die vegane Variante verwenden Sie ¼–½ TL mehr Agar-Agar (siehe Seite 50).

Glukosesirup

Wenn Sie Rollfondant selbst herstellen und einen Puderzucker verwenden, der nicht fein genug ist, kann es passieren, dass der Zucker rekristallisiert. Um das zu vermeiden, geben Sie auf 250 g Rollfondant 5–10 g Glukosesirup zu. Bei gebrauchsfertigem Rollfondant ist die Zugabe von Glukosesirup in der Regel nicht nötig.

Kaffeeweißer

Anstatt Glukosesirup können Sie auch Kaffeeweißer verwenden, um kristallisierten Zucker im Rollfondant aufzulösen. Dazu 15 g Kaffeeweißerpulver im Mixer fein mahlen und in 200 g Rollfondant einkneten.

Eine Torte mit Rollfondant eindecken

DEN ROLLFONDANT VORBEREITEN

Sie haben die Torte gefüllt und mit einer rollfondanttauglichen Creme eingestrichen. Nun soll das Kunstwerk mit Rollfondant überzogen werden. Bevor Sie jedoch mit der Verarbeitung des Rollfondants beginnen, muss die Zuckermasse vorbereitet werden.

Rollfondant lässt sich bei Zimmertemperatur am besten verarbeiten. Stellen Sie die Masse daher einige Stunden vor der Verarbeitung oder am Abend vorher auf die Arbeitsfläche und lassen Sie sie akklimatisieren. Ist der Rollfondant vor der Verarbeitung noch sehr fest, kann er 10–30 Sekunden in der Mikrowelle (600 Watt: höchste Stufe; 900 Watt: mittlere Stufe) erwärmt werden.

1

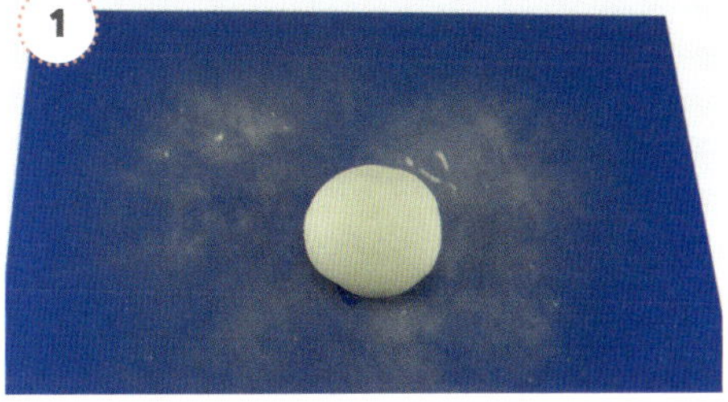

1 Vor dem Ausrollen oder Modellieren wird der Fondant geschmeidig geknetet. Dazu die Arbeitsfläche leicht mit Bäckerstärke bestäuben, …

2a

2b

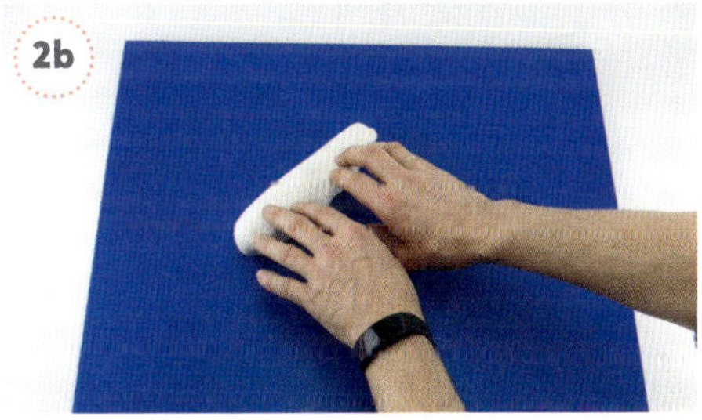

2 … den Rollfondant mit den Händen bearbeiten, kneten, rollen …

3a

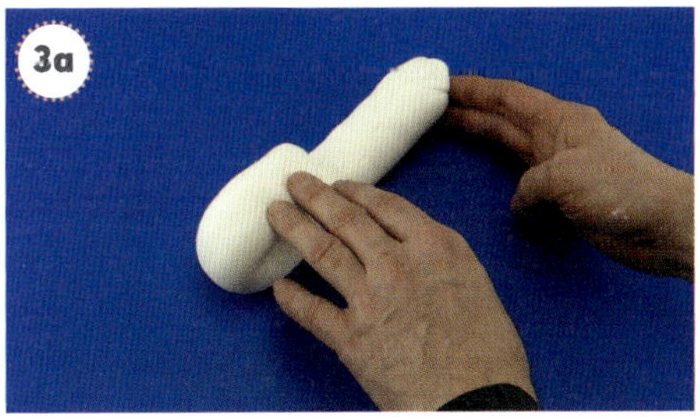

3b

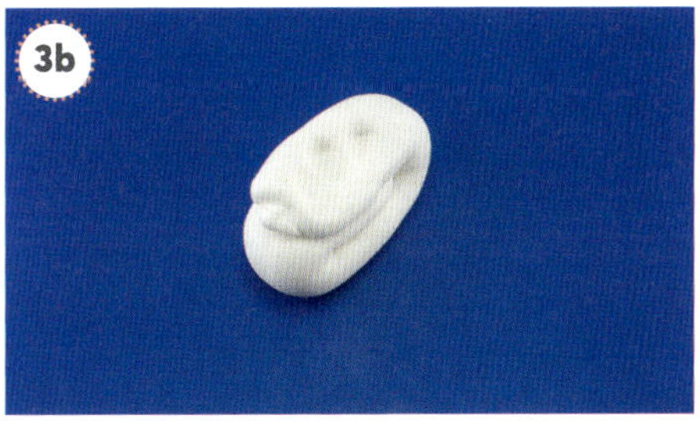

3 … und falten, bis er weich und elastisch ist.

DEN ROLLFONDANT AUSROLLEN

Rollfondantdecken werden normalerweise auf 1–3 mm ausgerollt. Wer in der Tortenkunst noch nicht so erfahren ist, sollte anfangs die Decke auf 3–4 mm ausrollen; so lassen sich später beim Eindecken kleine Unebenheiten der Torte besser glätten. Auch reißt eine etwas dickere Rollfondantdecke nicht so schnell wie eine dünne. Auch bei dunklen Füllungen oder Zartbitterganache ist es empfehlenswert, eine weiße Rollfondantdecke 2–3 mm stark auszurollen, damit der Zuckerüberzug blickdicht ist und der dunkle Untergrund nicht durchscheint. Spezielle Gummiringe, die Sie über die Enden des Rollholzes streifen können, oder Stäbe in der gewünschten Stärke, zwischen denen die Zuckermasse ausgerollt wird, helfen dabei, die gewünschte Ausrollstärke einzuhalten.

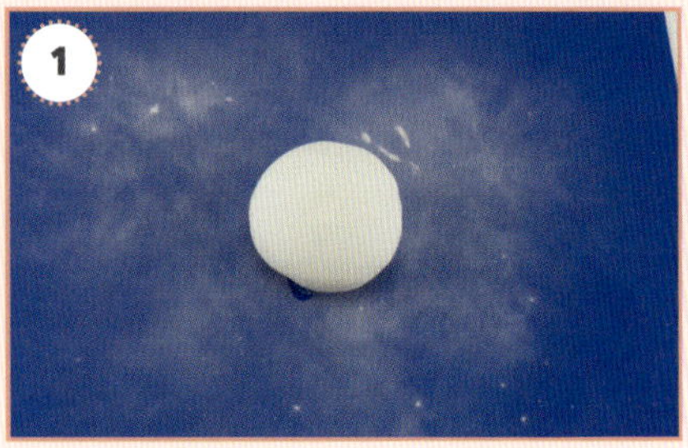

1 Eine glatte und nicht haftende Arbeitsfläche (Antihaftmatte bzw. Green Board) mit ein wenig Bäckerstärke bestreuen. Den Rollfondant auf die Arbeitsfläche legen.

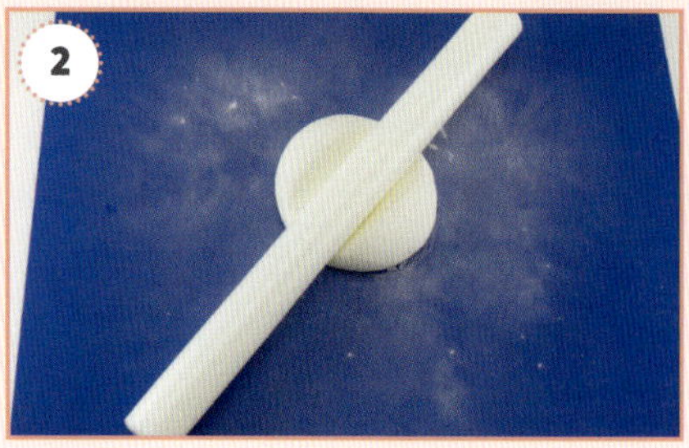

2 Nun die Masse mit dem Rollholz aus der Mitte heraus mit leichtem Druck vom Körper weg ausrollen.

3 Den Rollfondant in regelmäßigen Abständen im Uhrzeigersinn mit einer Vierteldrehung drehen, das erleichtert das gleichmäßige Ausrollen der Rollfondantdecke.

4 Den Rollfondant auf diese Weise ausrollen, bis die gewünschte Stärke und Größe (siehe Tippkasten, Seite 59) erreicht sind.

5 Zum Schluss die Rollfondantdecke mit der Polierklinge sanft glatt streichen.

6 Luftblasen mit einer Nadel einstechen und vorsichtig ausstreichen. Achten Sie darauf, dass Sie den Rollfondant seitlich einstechen und nicht von oben, so lässt sich die Luft besser ausstreichen.

DIE TORTE EINDECKEN

Je nachdem, ob eine runde oder eine eckige Torte, eine Torte mit spezieller Form (z. B. ein Herz, ein Buchstabe oder eine Zahl) oder mit geformter Oberfläche oder aber eine mehrstöckige Torte mit Rollfondant eingedeckt werden soll, gibt es unterschiedliche Vorgehensweisen. In jedem Fall muss jedoch der Rollfondant immer schon in der passenden Größe und ggf. auch schon entsprechend der Tortenform ausgerollt werden.

Wie groß ausrollen?

Mithilfe einer speziell entwickelten Formel des Konditors und Rollfondantprofis Jens Oprzondek können Sie berechnen, wie groß Sie den Rollfondant ausrollen müssen, um eine Torte einzudecken.

Höhe der Torte x 2 + Durchmesser der Torte + 5 cm

Beispiel: Die Torte ist 8 cm hoch und hat einen Durchmesser von 26 cm: 2 x 8 cm + 26 cm + 5 cm = 47 cm. Sie müssen den Rollfondant also so ausrollen, dass er überall einen Durchmesser von mindestens 47 cm hat.

Rollfondantmenge zum Eindecken von Torten

Je nach Größe und Form der Torte benötigen Sie zum Eindecken unterschiedliche Mengen an Rollfondant. Mit den Grammangaben in der Tabelle können Sie die Rollfondantdecke ca. 3 mm dick ausrollen.

Eckige Torte (6 cm hoch)	15 cm x 20 cm	18 cm x 20 cm	20 cm x 20 cm	25 cm x 20 cm	28 cm x 20 cm	30 cm x 20 cm
Rollfondant	ca. 630 g	ca. 720 g	ca. 780 g	ca. 950 g	ca. 1000 g	ca. 1100 g

Runde Torte (6 cm hoch)	ø 15 cm	ø 18 cm	ø 20 cm	ø 25 cm	ø 28 cm	ø 30 cm
Rollfondant	280–300 g	360–400 g	420–450 g	450–500 g	500–750 g	750–800 g

Tipp: Rollfondantreste nach dem Ausrollen luftdicht verpackt lagern und beim nächsten Mal wiederverwenden.

Eine runde Torte eindecken

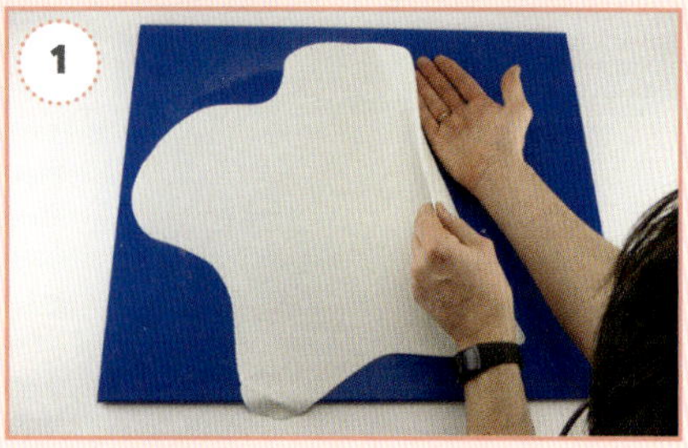

1 Die Rollfondantdecke mit flachen und trockenen Händen vorsichtig von der Arbeitsfläche abheben, …

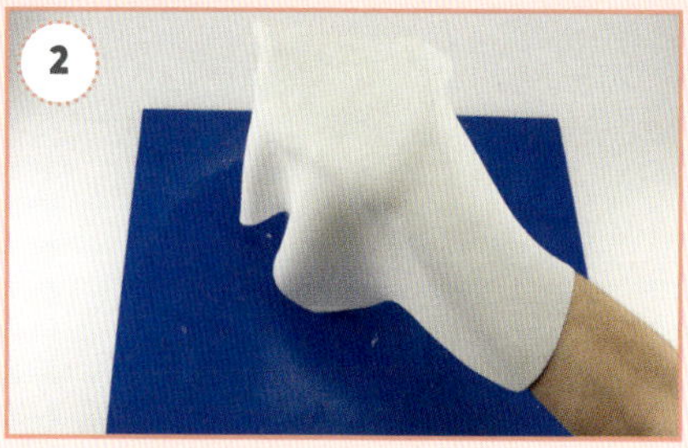

2 … auf die flache Hand legen …

3 … und mittig auf der Torte platzieren. Alternativ die Decke mit einem großen Rollholz aufrollen.

4 Die Oberfläche der Rollfondantdecke mit den Händen glatt streichen. Dabei Luftblasen, die unter der Decke eingeschlossen sind, vorsichtig ausstreichen.

5 Den Rollfondant am Rand 1 cm unterhalb der oberen Kante leicht andrücken, damit das Gewicht der Zuckermasse nicht an der oberen Kante hängt.

6 Falten im Rollfondant an der Seite vorsichtig mit den Händen ausstreichen. Achten Sie darauf, dass Sie keine Fingerabdrücke in der Masse hinterlassen.

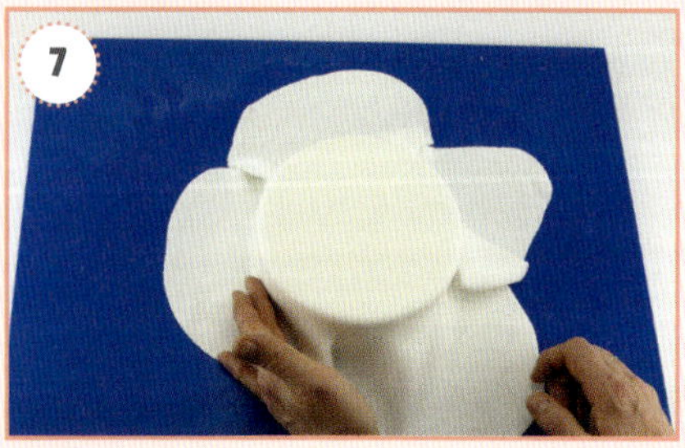

7 Den Überschuss an der Unterkante in Richtung Torte schieben.

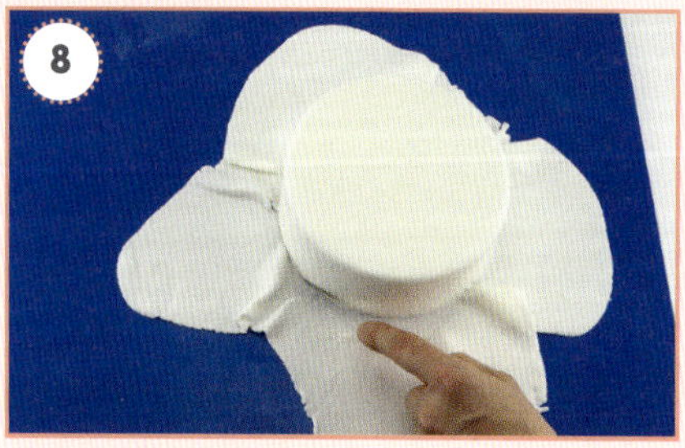

8 Den Überschuss mit einem scharfen Messer abschneiden.

9 Die Unterkante mit einem Modellierstäbchen glätten.

10 Mit einem Glätter oder einer Polierklinge die Oberfläche glätten.

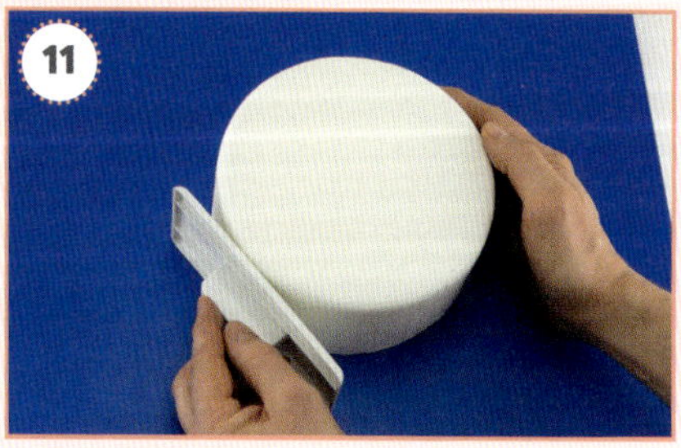

11 Zum Schluss mit der Hand in kreisenden Bewegungen die Torte final polieren.

Hinweis: Durch das finale Polieren mit der Hand entsteht die bestmögliche Oberfläche.

Eine eckige Torte eindecken

1 Den Rollfondant möglichst eckig und im Verhältnis der Seitenlängen der Torte ausrollen (siehe Kasten „Wie groß ausrollen?", Seite 59).

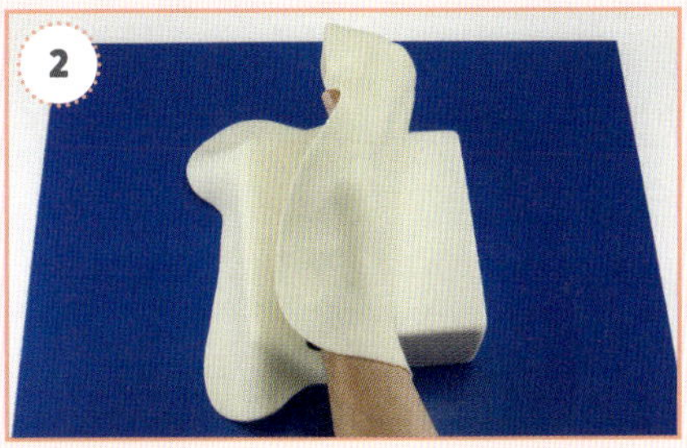

2 Die Rollfondantdecke mit flachen und trockenen Händen vorsichtig von der Arbeitsfläche abheben und mittig auf die Torte legen. Alternativ mit einem großen Rollholz aufrollen.

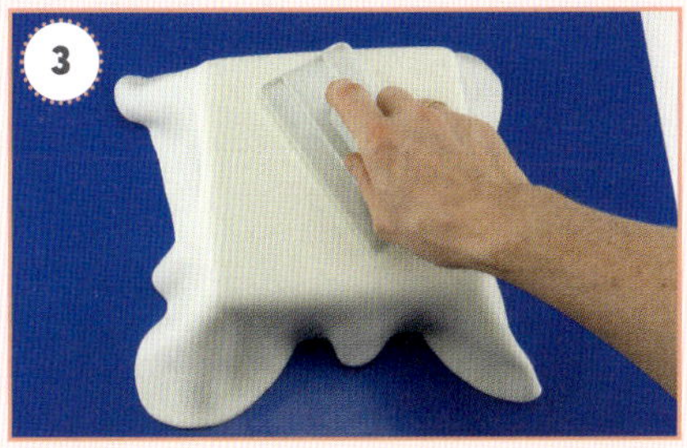

3 Die Oberfläche der Rollfondantdecke mit der Polierklinge glatt streichen. Dabei Luftblasen, die unter der Decke eingeschlossen sind, vorsichtig mit den Händen ausstreichen.

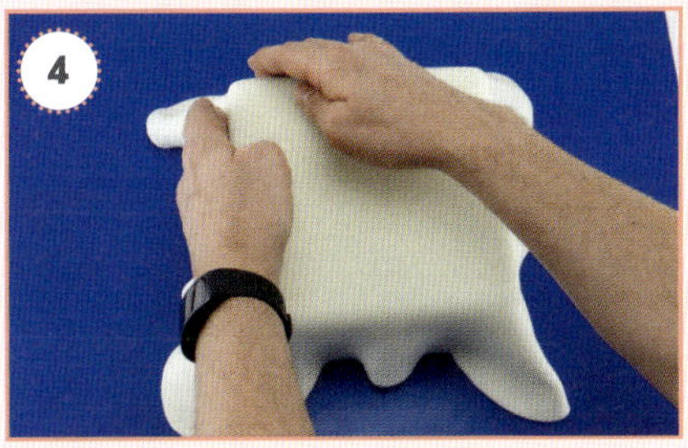

4 Die Rollfondantdecke von den Ecken angefangen zur Mitte hin sanft andrücken und dabei bereits die Ecken ausformen. Falten im Rollfondant an der Seite vorsichtig mit den Händen ausstreichen. Achten Sie darauf, dass Sie keine Fingerabdrücke in der Masse hinterlassen.

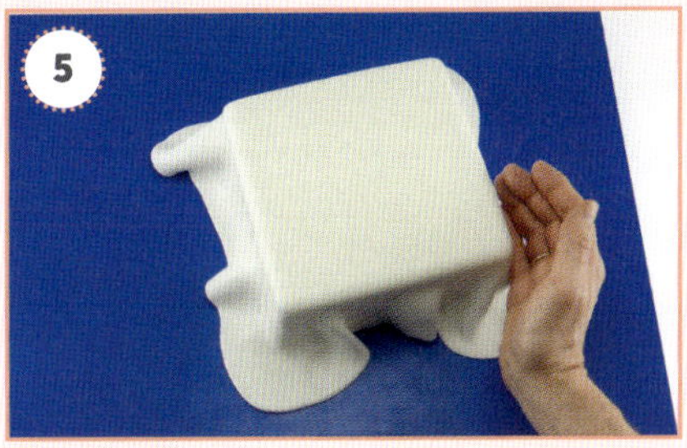

5 Den Überschuss an der Unterkante mit der Hand in Richtung Torte schieben, damit am unteren Rand keine Hohlräume entstehen.

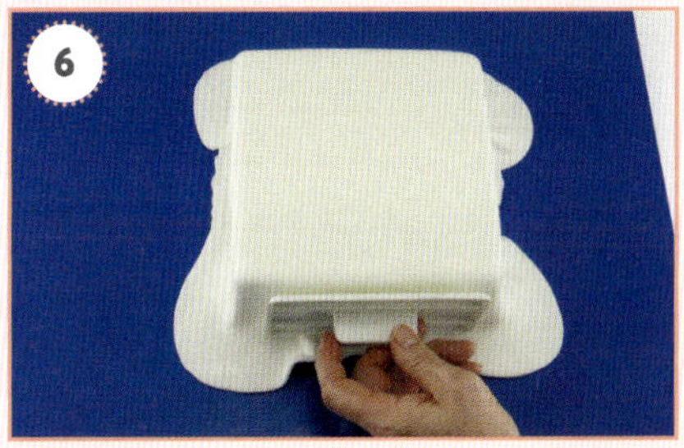

6 Den Rollfondant mit der Polierklinge an den Rändern glätten. Die Kanten ggf. mit den schwarzen Polierklingen scharf oder rund formen.

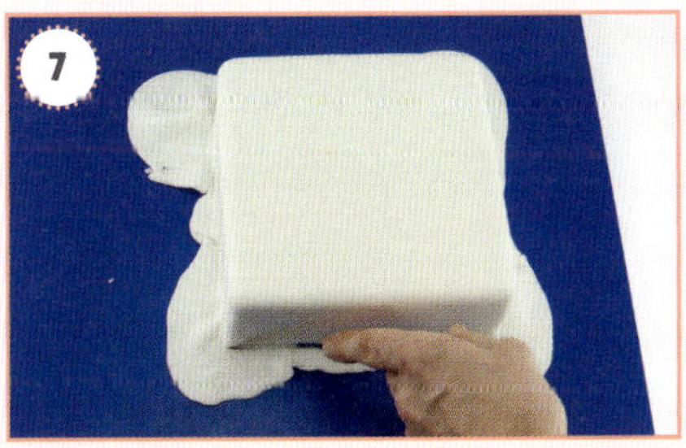

7 Den Überschuss an der Unterkante mit einem scharfen Messer abschneiden.

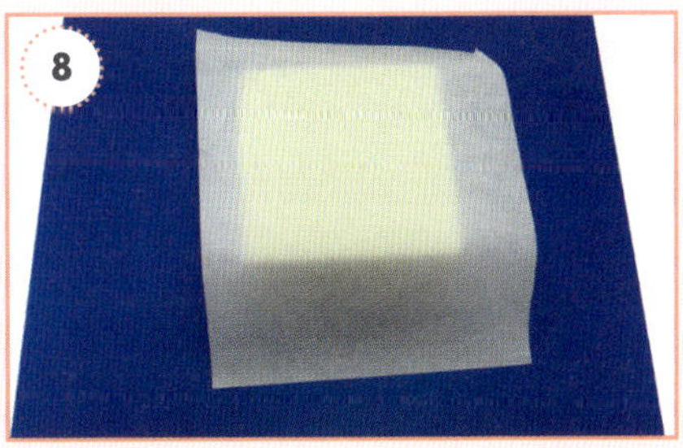

8 Einen Bogen Backpapier auf die Torte legen.

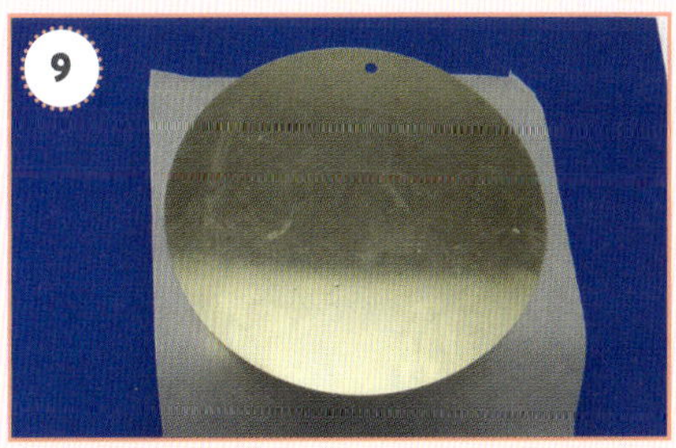

9 Eine Tortenplatte auf das Backpapier legen und die Torte drehen. Anschließend die Ränder erneut mit dem Glätter leicht andrücken und die Torte zum Schluss wieder wenden (siehe Seite 62).

Den unteren Rand professionell glätten

Der untere Rand der eingedeckten Torte lässt sich mithilfe zweier Alutortenscheiben einfach und besonders ordentlich mit der Upside-down-Methode glätten.

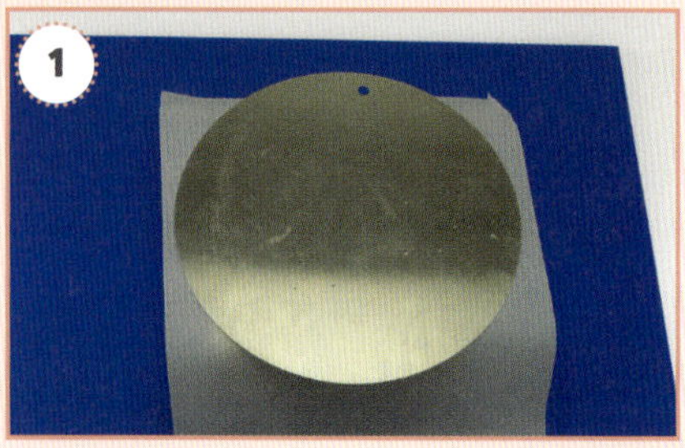

1 Die eingedeckte Torte auf eine mit Backpapier belegte Alutortenscheibe stellen. Ein Stück Backpapier auf die Oberseite der Torte legen, darauf die zweite Alutortenscheibe.

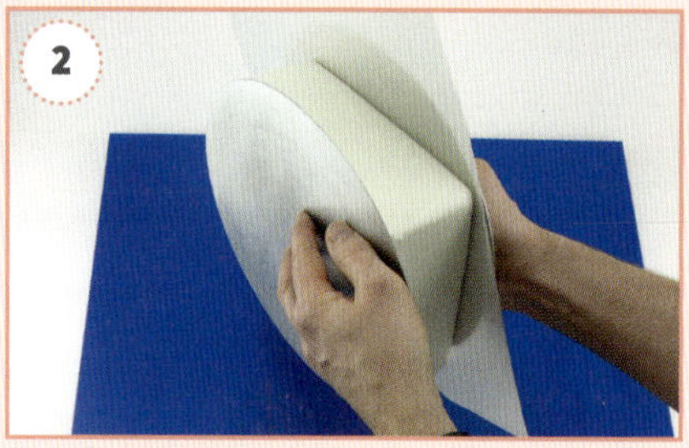

2 Die Torte zwischen den Tortenscheiben halten und wenden.

3 Die nun obere Tortenscheibe sowie das Backpapier abnehmen.

4 Die Seitenränder glätten.

5 Den Tortenrand glätten, andrücken und überschüssigen Rollfondant abschneiden.

6 Die Tortenscheibe wieder auflegen und die Torte zwischen beiden Tortenscheiben erneut wenden.

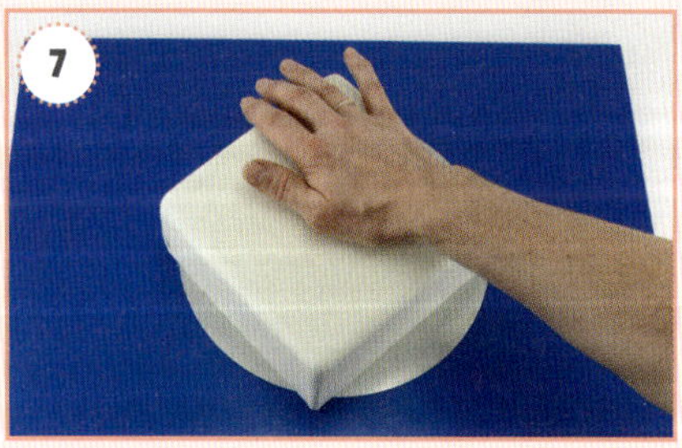

7 Tortenscheibe und Backpapier von der Oberseite entfernen. Die Torte erneut glätten, um ggf. entstandene Unebenheiten zu beseitigen.

Was tun, wenn der Rollfondant reißt?

Beim Aufnehmen oder beim Eindecken kann es schon mal vorkommen, dass der Rollfondant reißt. Kleine Risse können Sie mit den Fingern wieder zusammenkneifen. Die Stelle anschließend mit kreisenden Bewegungen der Hand glätten. Hat der Rollfondant größere Risse, hilft nur eins: noch einmal ausrollen und neu eindecken.

Eine Torte mit geformter Oberfläche eindecken

1 Den Rollfondant in der ungefähren Form der Torte ausrollen (siehe Kasten „Wie groß ausrollen?", Seite 59).

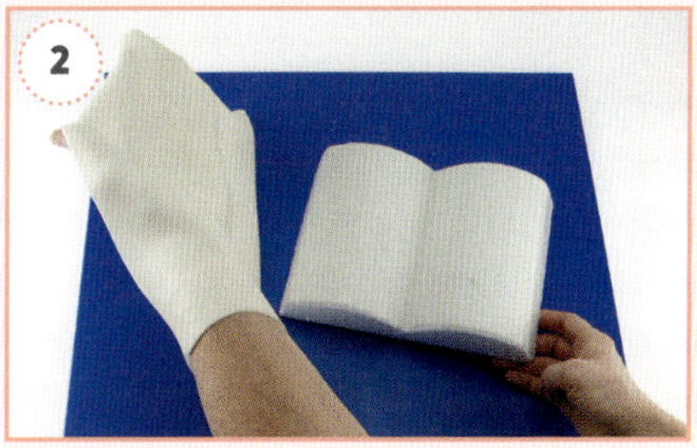

2 Die Rollfondantdecke mit flachen und trockenen Händen vorsichtig von der Arbeitsfläche abheben oder mit einem großen Rollholz aufrollen.

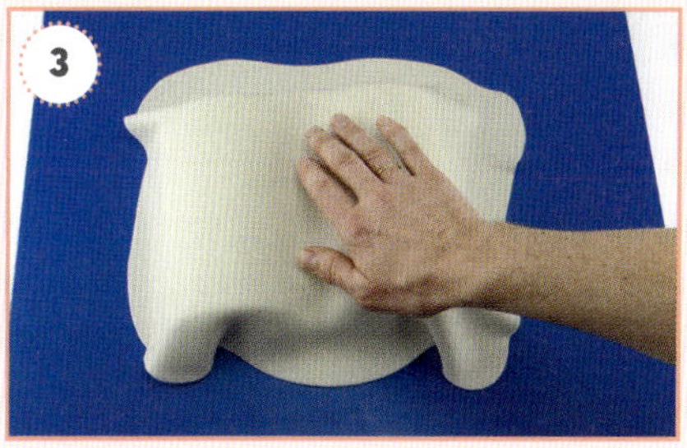

3 Die Rollfondantdecke locker mittig auf die Torte legen und die Oberfläche mit den Händen glatt streichen. Achten Sie darauf, dass die Decke überall gut anliegt. Luftblasen, die unter der Decke eingeschlossen sind, vorsichtig mit den Händen ausstreichen.

4 Falten im Rollfondant an der Seite behutsam mit den Händen ausstreichen. Achten Sie darauf, dass Sie keine Fingerabdrücke in der Masse hinterlassen.

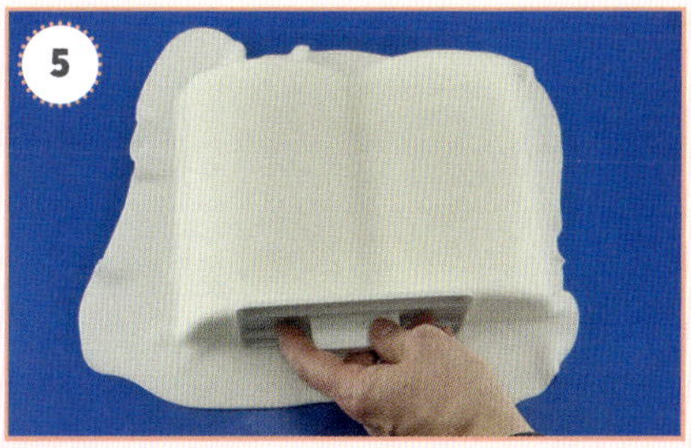

5 Die Seiten mit der Polierklinge glätten.

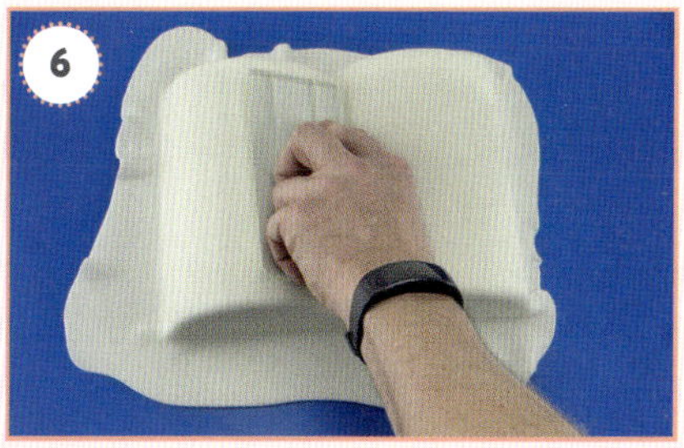

6 Die Oberfläche mit der Polierklinge glätten, dabei darauf achten, dass die Form nicht beschädigt wird. Bei komplizierten Oberflächen nur mit der Hand glätten.

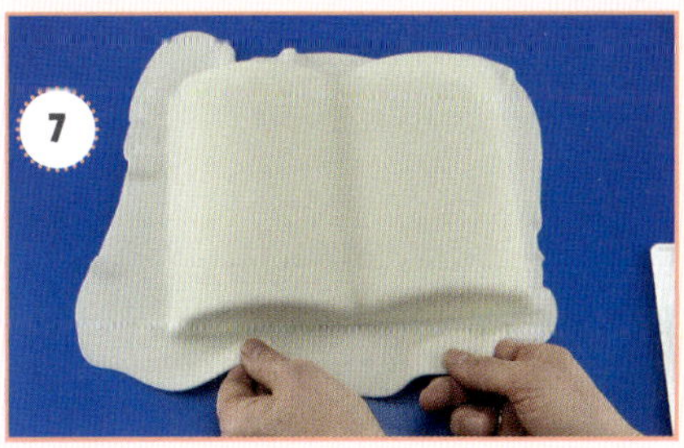

7 Den Überschuss an der Unterkante mit der Hand in Richtung Torte schieben, damit am unteren Rand keine Hohlräume entstehen. Mit einer Nadel ggf. Luftlöcher einstechen und den Rollfondant glatt streichen.

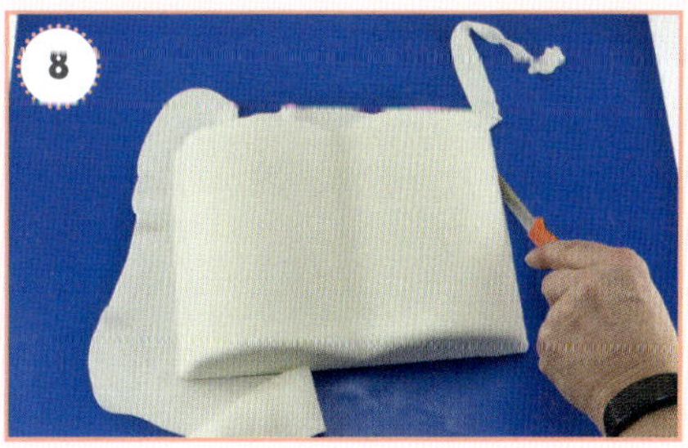

8 Den Überschuss unten mit einem scharfen Messer abschneiden und entfernen.

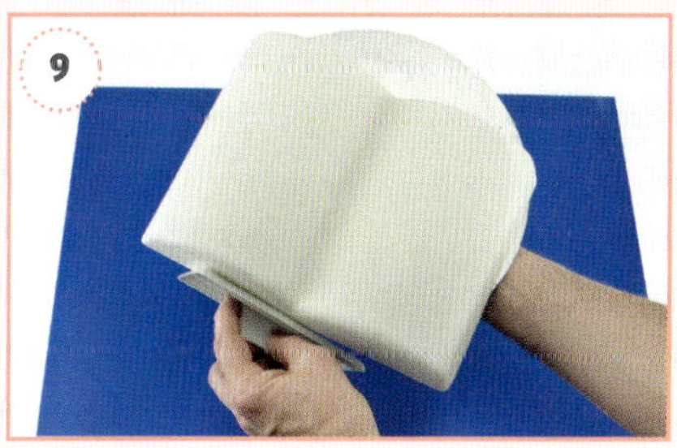

9 Zum Schluss ggf. die Torte mit der Tortenplatte anheben und die Ränder mit dem Glätter sanft andrücken.

Geformte Torten eindecken

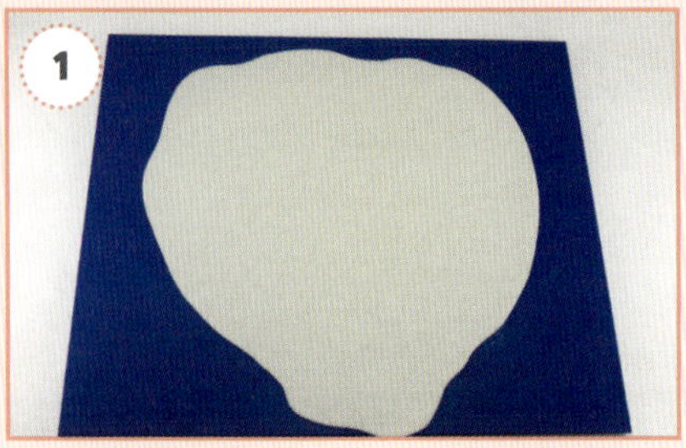

1 Den Rollfondant der Torte ausrollen (siehe Kasten „Wie groß ausrollen?“, Seite 59).

2 Die Rollfondantdecke mit flachen und trockenen Händen vorsichtig von der Arbeitsfläche abheben oder mit einem großen Rollholz aufrollen.

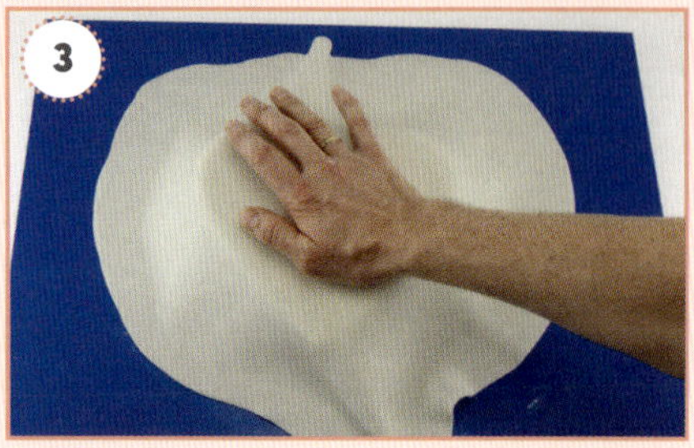

3 Die Rollfondantdecke mittig auf die Torte legen und die Oberfläche behutsam mit der Hand glatt streichen. Luftblasen mit den Händen ausstreichen.

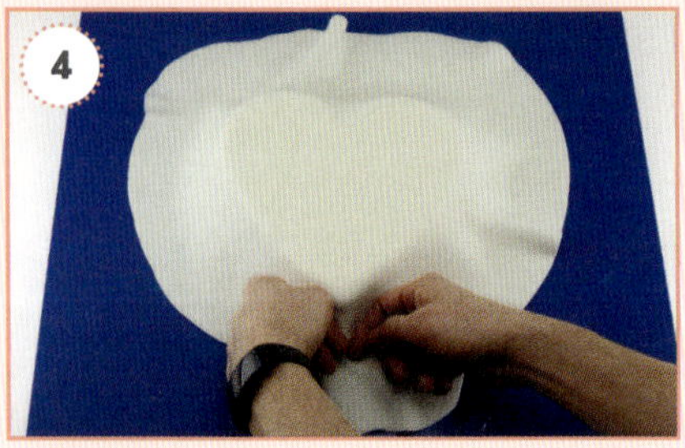

4 Die Rollfondantdecke an der Seite vorsichtig mit den Händen ausstreichen. Achten Sie darauf, dass Sie keine Fingerabdrücke in der Masse hinterlassen.

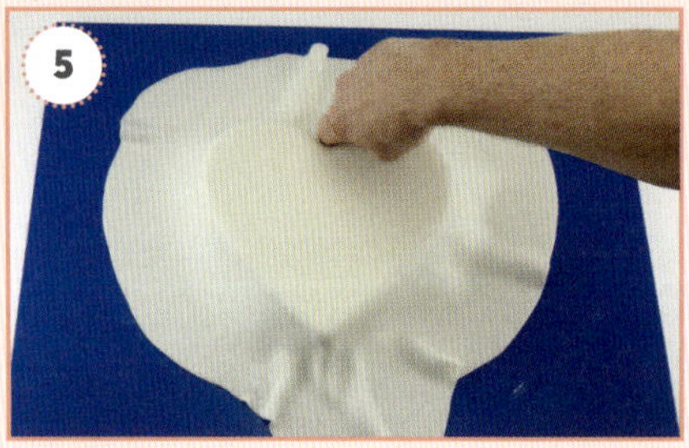

5 Den Rollfondant am Rand mit den Händen sanft andrücken, dabei ggf. Ecken, Winkel und Rundungen ausformen.

6 Den Überschuss an der Unterkante mit der Hand in Richtung Torte schieben, damit am unteren Rand keine Hohlräume entstehen.

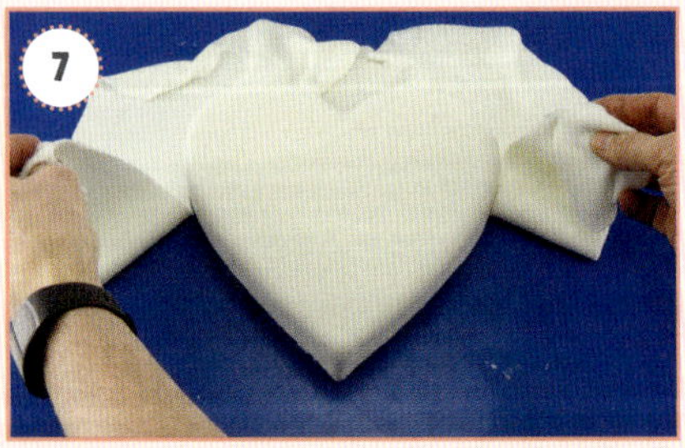

7 Den Überschuss an der Unterkante mit einem scharfen Messer abschneiden und entfernen.

8 Die untere Kante mit dem Modellierholz glätten und leicht nach innen schieben.

9 Die Rollfondantdecke mit der Polierklinge auf der Oberseite und an den Seiten glätten.

Komplizierte Formen

Um komplizierte Kuchenformen wie etwa ein E oder eine 3 in einem Stück einzudecken, stechen Sie der Backform ein Stück Rollfondant für die Oberseite aus oder fertigen Sie eine Schablone an und schneiden Sie die Decke mit einem Messer zu. Zum Eindecken der vertikalen Seitenränder schneiden Sie aus ausgerolltem Rollfondant lange Streifen, die so breit sind wie der Kuchen hoch.

Mehrstöckige Torten eindecken

Bei großen mehrstöckigen Torten werden die einzelnen Torten jeweils separat eingedeckt und erst danach gestapelt (siehe Seite 44–45). Kleine, zwei- bis dreistöckige Torten können Sie auch in einem Zug eindecken. Der Durchmesser der Torten sollte für den Anfang nicht größer als 8–12 cm sein und die Höhe pro Einzeltorte nicht mehr als 5 cm betragen.

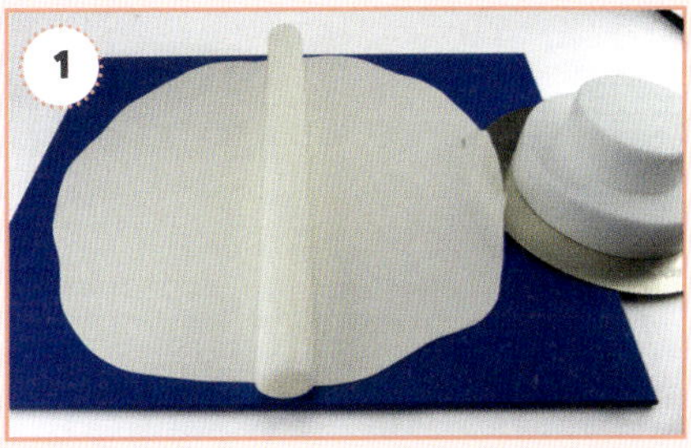

1 Die Rollfondantdecke ausrollen (siehe Kasten „Wie groß ausrollen?", Seite 59).

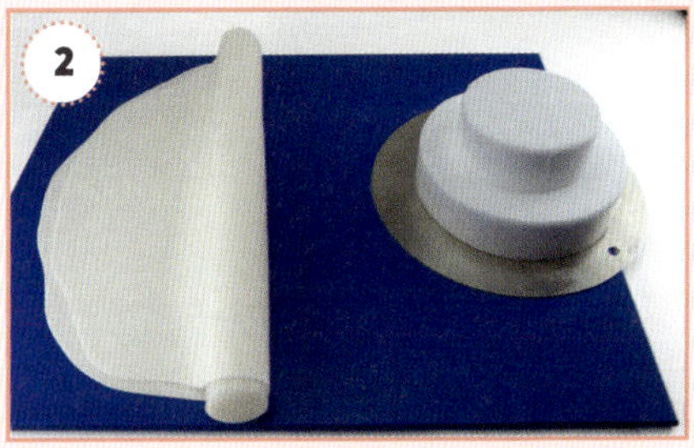

2 Die Rollfondantdecke mit einem großen, mit Bäckerstärke bestäubten Rollholz aufrollen.

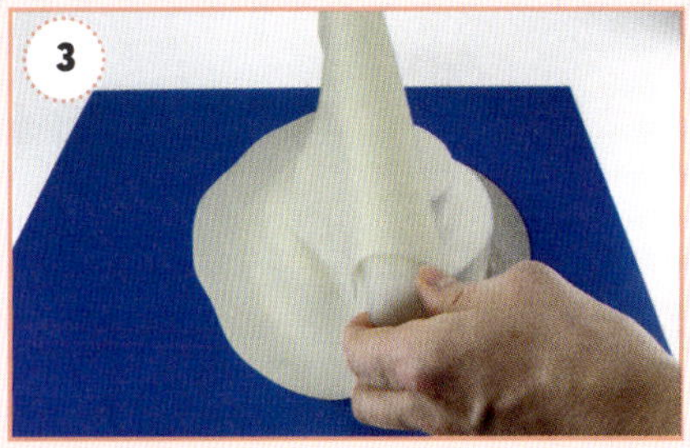

3 Die Rollfondantdecke mittig über der Torte abrollen und locker darauf platzieren.

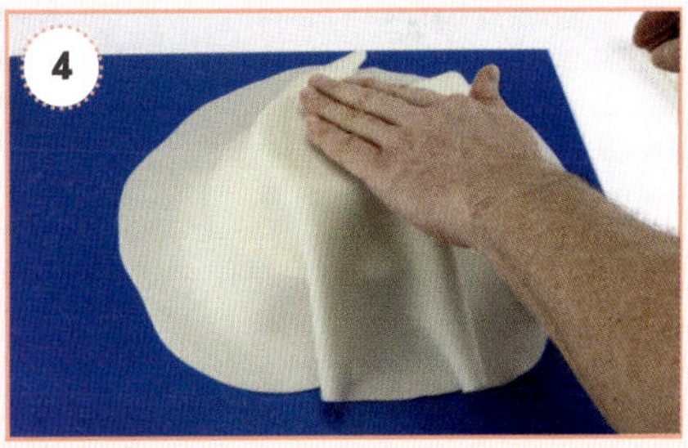

4 Die Oberfläche der Rollfondantdecke mit den Händen glatt streichen, dabei unter der Decke eingeschlossene Luftblasen vorsichtig mit den Händen ausstreichen.

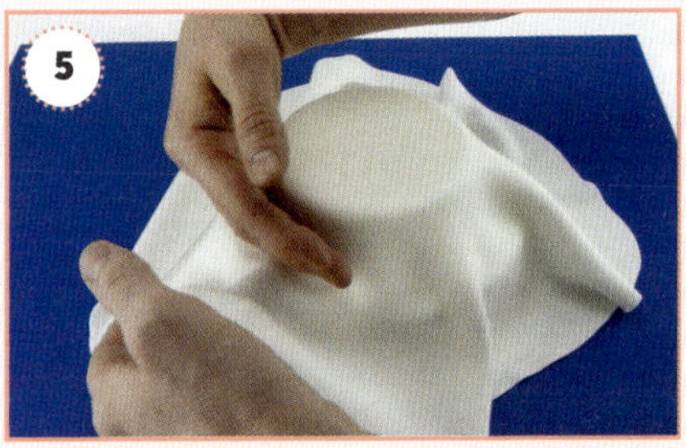

5 Die Rollfondantdecke am Rand, 1 cm unterhalb der oberen Kante, leicht andrücken, damit das Gewicht der Zuckermasse nicht an der oberen Kante hängt.

6 Falten im Rollfondant an der Seite von oben nach unten mit den Händen ausstreichen. Achten Sie darauf, dass Sie keine Fingerabdrücke hinterlassen.

7 Den Überschuss an der Unterkante mit der Hand in Richtung Torte schieben, damit am unteren Rand keine Hohlräume entstehen. Mit einer Nadel ggf. Luftlöcher einstechen und den Rollfondant anschließend glatt streichen.

8 Den Überschuss an der Unterkante mit einem scharfen Messer abschneiden und entfernen. Unsaubere Kanten mit einem Modellierstäbchen glätten.

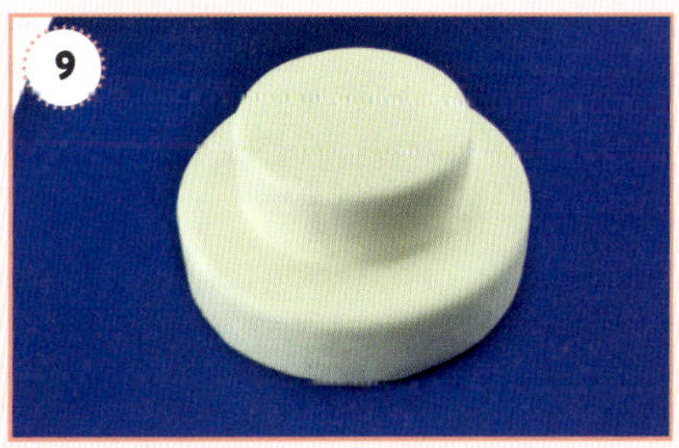

9 Mit einem Glätter oder einer Polierklinge die Oberfläche glätten. Zum Schluss die Rollfondantdecke mit der Hand in kreisenden Bewegungen final polieren.

DAS CAKEBOARD EINDECKEN

Ein besonders einheitliches Bild ergibt sich, wenn Sie die Tortenplatte mit demselben Rollfondant eindecken, den sie auch für die Torte verwendet haben. Natürlich kommen auch Farbkontraste gut zur Geltung. Die Ränder der Tortenplatte können zusätzlich dekorativ verziert werden.

Rollfondantmengen zum Eindecken von Cakeboards

Je nach Größe des Cakeboards benötigen Sie zum Eindecken unterschiedliche Mengen Rollfondant. Mit den Grammangaben in der Tabelle können Sie den Rollfondant 1 mm oder 3 mm dick ausrollen. Wenn Sie das Cakeboard nur eindecken möchten, genügt es, den Rollfondant auf 1 mm auszurollen. Möchten Sie den Rollfondant jedoch prägen oder weiter bearbeiten, sollte die Stärke 3–4 mm betragen.

Cakeboard (ø)	15 cm	18 cm	20 cm	25 cm	28 cm	30 cm
Rollfondantdecke 1 mm stark	80 g	90 g	100 g	110 g	120 g	130 g
Rollfondantdecke 3 mm stark	100 g	120 g	150 g	180 g	200 g	220 g

Cakeboards eindecken

1 Die Arbeitsfläche mit Bäckerstärke bestreuen. Den Rollfondant 1–3 mm dünn ausrollen; für die Größe berechnen Sie den Durchmesser der Tortenplatte plus 1–2 cm (bei einer Tortenplatte mit Durchmesser 35 cm rollen Sie den Rollfondant also mit einem Durchmesser von 36–37 cm aus).

2 Die Rollfondantdecke mit trockenen Händen vorsichtig von der Arbeitsfläche abheben oder mit einem großen Rollholz aufrollen, auf die Tortenplatte legen und mit der Polierklinge glätten.

3 Um den Überstand zu entfernen, die stumpfe Seite einer dünnen Küchenmesserklinge oder eine kleine Winkelpalette an der Cakeboardkante im rechten Winkel von oben nach unten ziehen und dabei eine kleine Vorwärtsbewegung durchführen, sodass überschüssiger Rollfondant am Rand abgeschnitten wird.

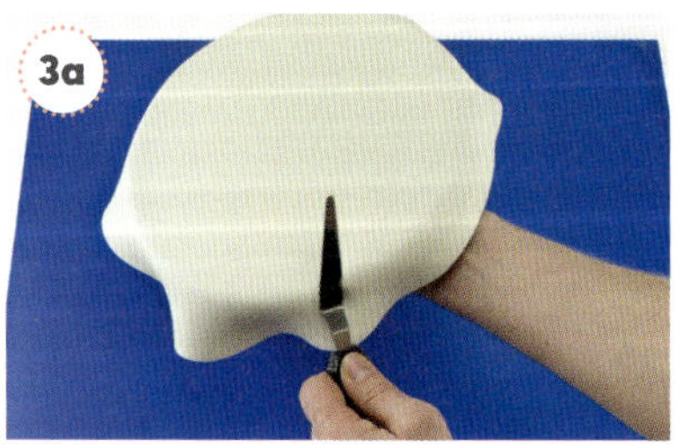

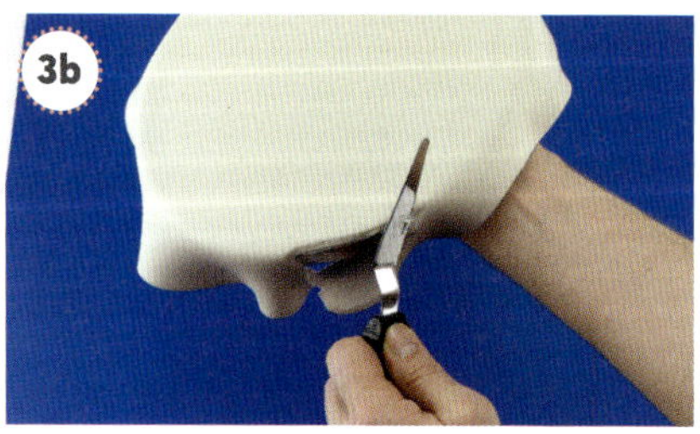

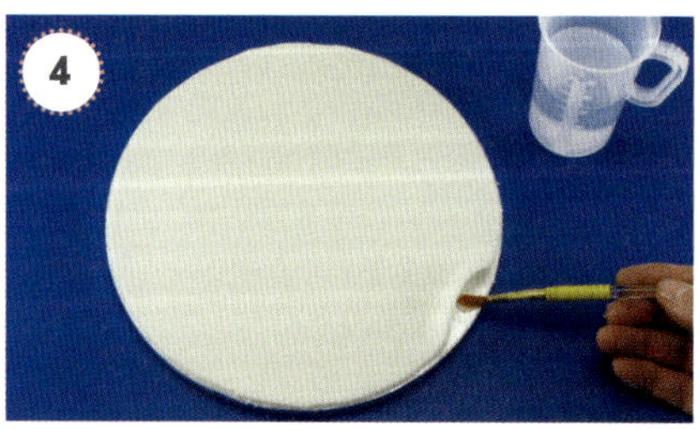

4 Den Rollfondant am Seitenrand etwas anheben und mit einem Pinsel etwas Wasser oder essbaren Kleber auftragen. Den Rollfondant leicht andrücken. Die Torte mit einer Winkelpalette auf die Tortenplatte setzen, ggf. vorher mithilfe eines Tortenrings die genaue Position markieren.

Den Cakeboardrand verzieren

Bevor oder nachdem Sie die Torte auf das eingedeckte Cakeboard gesetzt haben, können Sie den Rollfondant auf der Tortenplatte verzieren. Dazu können Sie mit Silikon- oder Hartgummistempeln sowie Prägematten oder -rollen Muster und Motive einbringen oder mithilfe von Modellierwerkzeugen Strukturen prägen.

Tipp: Verzieren Sie den Rollfondant sofort, nachdem Sie das Cakeboard eingedeckt haben. Der Rollfondant wird sonst trocken und lässt sich nicht mehr gut bearbeiten.

Mit Silikonprägematte und Glätter lassen sich ganz einfach und schnell großflächige Muster aufbringen (1, 2). Mit einem dünnen Kunststoffstab oder einer Tortenstütze können Sie ein Muster eindrücken (3), mit einem Modellierstäbchen Muster ritzen (4), mit Silikonprägestempeln Muster eindrücken (5) oder mit essbarem Kleber und kleinen Dekoplättchen rund um die Torte geometrische Muster aufkleben (6).

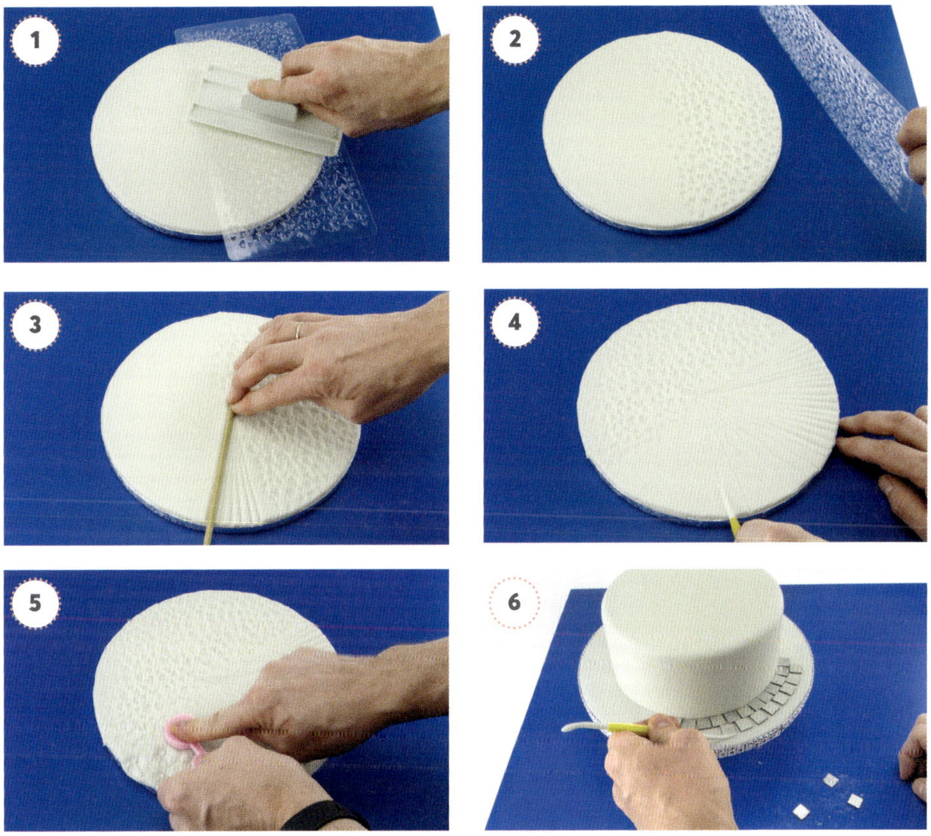

Die eingedeckten und verzierten Tortenplatten können Sie im Backofen 20–60 Minuten bei 50–60 °C aushärten. So vermeiden Sie, dass bei der weiteren Arbeit mit der Tortenplatte Fingerabdrücke oder Dellen in den Rollfondant gelangen.

Zum Schluss können Sie den Seitenrand des Cakeboards mit einem passenden Schmuck- oder Schleifenband verzieren. Die etwas schwereren Schmuckbänder mit der Heißklebepistole aufkleben. Schleifenbänder lassen sich leicht mit dem Klebestift befestigen.

Lagerung, Transport & Präsentation

SCHUTZ VOR GERÜCHEN

Rollfondant sollte an einem dunklen Ort und kühl oder bei Zimmertemperatur (15–20 °C) gelagert werden. Um ihn vor dem Austrocknen zu schützen, wird Rollfondant bis zur Verarbeitung in Frischhaltefolie gewickelt oder in einem Gefrierbeutel und zusätzlich in einem Gefäß mit luftdicht schließendem Deckel aufbewahrt. Der Lagerort sollte unbedingt geruchsneutral sein. Da das im Rollfondant enthaltene Fett Geschmacksträger ist, kann Rollfondant Fremdgerüche annehmen. Das sollte insbesondere bei der Lagerung von fertigen Torten berücksichtigt werden. In einem Kühlschrank mit Fisch, Käse, Zwiebeln oder Geräuchertem ist eine mit Rollfondant eingedeckte Torte nicht gut aufgehoben. Auch ein feuchter Bier- oder Weinkeller oder ein Raum mit starkem Essensgeruch ist für eine Torte mit der Zuckerdekoration keine gute Wahl. In solchen Fällen ist es ratsam, die Torte in einer Styroporbox an einem kühlen Ort aufzubewahren und erst kurz vor der Verwendung herauszunehmen. Auch Obst, Gemüse und Salat, die einen hohen Wassergehalt haben, können dem Rollfondant im Kühlschrank schaden. Denn durch die hohe Feuchtigkeit im Kühlschrank wird der Zucker im Fondant aufgelöst.

DIE RICHTIGE TEMPERATUR

Im Sommer ist die Verarbeitung von Rollfondant und die Lagerung und Präsentation von Rollfondanttorten häufig aufgrund hoher Temperaturen und Luftfeuchtigkeit eine Herausforderung. Unter diesen Bedingungen wird der Rollfondant nämlich weich und klebrig. Bei feucht-heißem Sommerwetter sollte die Tortenfüllung daher besonders gut mit einer rollfondanttauglichen Creme isoliert sein (siehe Seite 28 ff.), um den Rollfondant bestmöglich von der Feuchtigkeit aus dem Inneren der Torte abzuschirmen. Ist die Zuckermasse von innen und außen Feuchtigkeit ausgesetzt, besteht die Gefahr, dass sie flüssig wird und schlimmstenfalls von der Torte rutscht.

Bewahren Sie die fertige Torte in einer lebensmittelechten Pappschachtel im geruchsneutralen Kühlschrank auf Stufe 1 (7–9 °C) auf. Besonders wichtig ist, dass Sie der Torte vor der Präsentation Zeit geben, sich zu akklimatisieren. Das heißt, dass der Kuchen nicht sofort aus dem Kühlschrank geholt und zur Präsentation in einen sehr warmen Raum mit hoher Luftfeuchtigkeit gestellt werden darf. Im Sommer oder auch bei Feiern mit zahlreichen Gästen kann die Temperatur in einem Saal 30 °C und die Luftfeuchtigkeit über 80 Prozent betragen. Für Rollfondanttorten, die direkt aus dem Kühlschrank kommen, ist das eine Katastrophe. Denn an der Torte, die auf wenige Celsiusgrade gekühlt ist, würden sich in einem feuchten Raum schon ab einer Lufttemperatur von 24 °C wie an jeder Glasflasche kondensiertes Wasser aus der Raumluft ablagern, das den im Rollfondant enthaltenen Zucker auflöst. Im schlimmsten Fall kann solch ein Fehler das Zuckerkunstwerk zerstören.

Nehmen Sie stattdessen den Kuchen rechtzeitig aus dem Kühlschrank und stellen Sie ihn zunächst 30–60 Minuten an einen etwas wärmeren Ort (15–18 °C), beispielsweise in den Keller. Alternativ können Sie ihn auch in einer Styroporbox aufbewahren. Anschließend setzen Sie die Torte 15–30 Minuten normaler Raumtemperatur von ca. 21 °C aus und bringen sie bestenfalls erst kurz vor der Präsentation in den Raum.

Bei Motivtorten empfiehlt es sich, Dekorationen erst kurz vor der Präsentation auf der Torte zu platzieren. Bewahren Sie gefärbte Figürchen staub- und lichtgeschützt in einer Pappschachtel auf, damit sie frisch bleiben und nicht verblassen. Lagern Sie diese keinesfalls in einem luftdicht verschließbaren Gefäß – die Figuren müssen „atmen" können!

ENTTÄUSCHUNG VERMEIDEN

Zugluft gegen Schwitzen

Beginnt der Rollfondant trotz sorgfältiger Akklimatisation leicht zu schwitzen, können Sie mithilfe eines Ventilators etwas Zugluft erzeugen, die die feinen Wassertröpfchen schneller verdunsten lässt.

Wenn Sie eine Torte für eine Hochzeits-, Geburtstags- oder eine andere wichtige Feier zubereiten möchten, sollten Sie auf Nummer sicher gehen. Wenden Sie keine Techniken an, die Sie vorher noch nicht ausprobiert haben. Machen Sie in solchen Fällen vorher immer eine Probetorte. Berücksichtigen Sie bei der Planung Ihrer Torte auch stets den Transport zum Ort der Feier. Die schönste und aufwendigste Torte enttäuscht, wenn sie den weiten Transportweg nicht übersteht. Besonders fragile Dekorationen oder feine Details können Sie auch erst vor Ort anbringen bzw. fertigstellen.

Checkliste vor Ort

Schauen Sie sich die Räumlichkeiten, in der die Feier stattfindet und die Torte präsentiert wird, vorher an.

☐ Welche Kühlmöglichkeiten gibt es?

☐ Ist der Saal barrierefrei erreichbar? Sind die Türen breit genug, damit eine schwere Torte ggf. auf einem Rollwagen o. Ä. in den Raum transportiert werden kann?

☐ Sind ein gutes Messer und warmes Wasser zum Anschneiden der Torte vorhanden? Gibt es einen Tortenheber? Falls nicht, müssen Sie diese Ausrüstung selbst mitbringen.

☐ Ist die Beleuchtung ausreichend, um die Torte im richtigen Licht zu präsentieren? Alle Mühen mit der Dekoration sind umsonst, wenn man im Halbdunkel eines Raums nichts davon sieht.

☐ Kann man den Raum ausreichend abdunkeln, falls Sie eine Torte mit Tischfeuerwerk planen?

☐ Ist bei der Feier geschultes Personal im Einsatz, das die Torte fachmännisch an Ort und Stelle bringen und anschneiden kann?

Rollfondant einfärben

Richtig färben

GEEIGNETE FARBEN

Rollfondant ist im Handel in zahlreichen unterschiedlichen Farben fertig erhältlich. Um individuelle Farbtöne zu erhalten, kann man weißen Rollfondant auch mit Lebensmittelfarbe einfärben. Das klappt am besten mit Gel- oder Pastenfarbe. Diese Farben enthalten Farbpigmente, also gelöste Farbmittel. Gele und Pasten sind daher sehr farbintensiv. Je feiner die Pigmente verarbeitet sind, desto satter ist die Farbe. Die Farbpigmente sind in der Regel organischer Herkunft. So wird der rote Farbstoff Karmesin (E 124) beispielsweise aus Schildläusen gewonnen, der grüne Farbstoff Chlorophyll (E 140) u. a. aus Algen. Da die natürlichen Farbstoffe meist teuer sind, kommen stattdessen oft synthetische Nachbildungen, also naturidentische Farbstoffe zum Einsatz. Die zum Färben von Lebensmitteln zugelassenen Farbstoffe gelten als Lebensmittelzusatzstoff und sind mit ihrer jeweiligen E-Nummer im Zutatenverzeichnis der Lebensmittelfarbe aufgeführt.

Farbgele und Farbpasten eignen sich zum Einfärben von Rollfondant, da sie dessen Konsistenz nicht verändern. Flüssige Lebensmittelfarben sind aus diesem Grund nicht geeignet. Sie enthalten zu viel Wasser, das den Zucker im Rollfondant auflöst. Außerdem sind flüssige Lebensmittelfarben viel weniger farbintensiv, sodass man zum Färben große Mengen davon bräuchte. Bei Gel- und Pastenfarben hingegen genügen schon geringe Mengen, um Rollfondant kräftig einzufärben.

REGELN FÜR DAS FÄRBEN

Beim Färben des Rollfondants gibt es zwei unterschiedliche Techniken. Sie können Gel- oder Pastenfarbe nach Wunsch in weißen Rollfondant einkneten oder Sie mischen Farben, indem Sie zwei unterschiedlich gefärbte Rollfondantstücke miteinander verkneten.

Mischen Sie stets die dunklere in die hellere Farbe, ganz gleich, ob Sie mit fertig gefärbtem Rollfondant arbeiten oder diesen selbst gefärbt haben. Beginnen Sie mit wenig Farbe und beurteilen Sie zunächst, wie Ihnen die Farbe gefällt. Ist die Farbe noch zu hell, geben Sie mehr dunkle Farbe hinzu. Ist die Farbe zu dunkel, kneten Sie weißen Rollfondant unter. Empfehlenswert ist es darüber hinaus, zunächst einmal eine walnussgroße Menge einzufärben, da man bei dunklen Farben in der Regel mehr Farbe braucht. Wenn Sie zunächst nur einen kleinen Teil einfärben, können Sie abschätzen, wie viel Farbe Sie benötigen.

Wichtig ist, den Rollfondant immer zuerst einzufärben, bevor Sie ihn mit CMC oder Blütenpaste modifizieren (siehe Seite 55). Manche Farben lassen den Rollfondant nämlich fester werden, sodass er beim zusätzlichen Einkneten von Bindemittel zu trocken wird. Kneten Sie auch nie Farbe und Bindemittel wie CMC oder Blütenpaste gleichzeitig in den Rollfondant.

PASTENFARBE EINKNETEN

Die Pastenfarbe wird einfach in weißen Rollfondant eingeknetet. Färben Sie stets eine ausreichende Menge Rollfondant für Ihr Projekt ein, denn beim nachträglichen Einfärben erlangt man nur selten denselben Farbton.

Rollfondant in Weiß • Gel- oder Pastenfarbe nach Wunsch
Zahnstocher

1 Den weißen Rollfondant geschmeidig kneten (siehe Seite 57) und anschließend zu einer Kugel formen.

2 Einen sauberen Zahnstocher in Gel- oder Pastenfarbe tauchen. Mit der gefärbten Spitze mehrmals in den Rollfondant einstechen und auf diese Weise die Farbe in die Zuckermasse einbringen. Den Schritt je nach gewünschter Farbintensität wiederholen; dabei immer einen neuen Zahnstocher verwenden, damit die Lebensmittelfarbe nicht durch Rollfondant, der ggf. am Zahnstocher haftet, verunreinigt wird.

3 Den Rollfondant mit beiden Händen kräftig kneten, bis sich die Farbe verteilt hat. Je nach gewünschter Farbintensität mehr Farbe wie in Schritt 2 beschrieben einbringen und den Rollfondant erneut kneten.

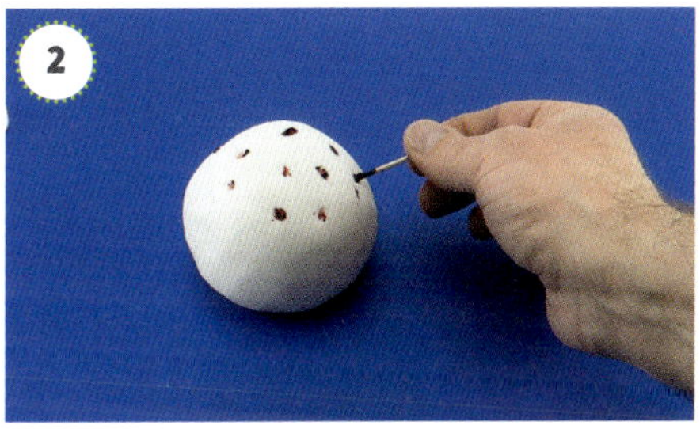
2

3a

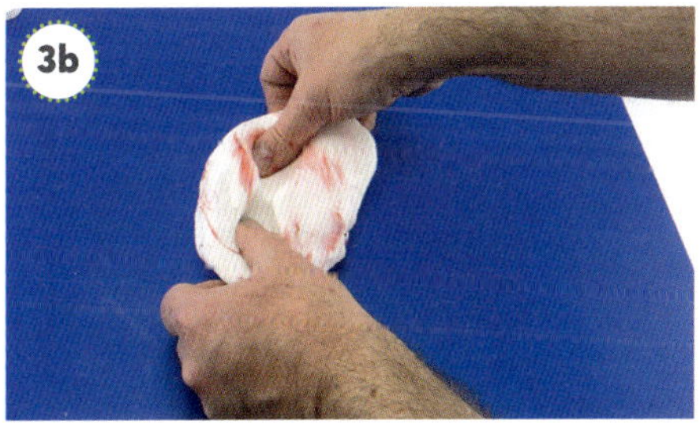
3b

3c

Hände schützen

Tragen Sie lebensmitteltaugliche Einmalhandschuhe (latex- und puderfrei), wenn Sie die Lebensmittelfarbe in den Rollfondant einkneten. Die hochkonzentrierte Gel- und Pastenfarbe hat auch auf Hände eine intensive Färbewirkung.

Farbtöne mischen

Reine Farben verwenden

Achten Sie beim Farbenmischen immer darauf, dass Sie möglichst reine Farbtöne verwenden. Um beispielsweise Violett zu erhalten, mischen Sie ein reines Blau oder eines, das etwas Rot enthält, mit einem reinen Rot im Verhältnis 1:4. Keinesfalls sollte das Rot Gelbtöne enthalten, denn dadurch kommt es zu einer Mischung der Primärfarbe Blau mit ihrer Komplementärfarbe Orange (Rot + Gelb), was einen Braunton, aber nicht Violett ergibt. Auch ein etwas grünliches Blau mit Rot vermischt ergibt nicht Violett, sondern Graubraun.

MIT GRUNDFARBEN MISCHEN

Mit den im Handel verfügbaren Gel- und Pastenfarben können Sie Rollfondant in jedem beliebigen Farbton einfärben. Aber auch mit fertig gefärbtem Rollfondant lassen sich durch entsprechende Mischungsverhältnisse zahlreiche Farbnuancen erzielen.

Aus den drei Grundfarben (Primärfarben) Gelb, Rot und Blau lassen sich die Sekundärfarben Grün, Orange und Violett mischen. Primär- und Sekundärfarben in unterschiedlichen Verhältnissen gemischt ergeben die sogenannten Tertiärfarben.

Primärfarben

Sekundärfarben

Tertiärfarben

BRAUNTÖNE

Komplementärfarbe wird die Sekundärfarbe genannt, die einer Primärfarbe im Farbrad gegenüberliegt. Die Komplementärfarbe von Gelb ist Violett, von Rot ist es Grün und von Blau ist es Orange. Unterschiedliche Brauntöne mischt man aus einer Primärfarbe und deren jeweiliger Komplementärfarbe. Auch hier gilt: Immer den dunklen Ton in den hellen mischen, bis die gewünschte Farbe entsteht.

Dunkelbraune Töne

Gelblich braune Töne

Rotbraune Töne

HAUTFARBE

Um Hautfarbe z. B. für Gesichter oder Körper von Figuren zu mischen, können Sie fertig gefärbten Rollfondant verwenden oder weißen Rollfondant mit Pastenfarbe selbst einfärben (z. B. mit „Flesh/Paprika", „Flamingo Pink" oder „Chocolate"). Je nach Mischungsverhältnis der Pastenfarben kann die Hautfarbe beliebig variiert werden (siehe Foto).

Bei fertig gefärbtem Rollfondant empfiehlt sich für eine helle Hautfarbe folgendes Mischungsverhältnis: 33 g Rosa, 27 g Gelb, 10 g Pastellblau. Für einen dunklen Hautton können Sie dunkelbraunen Rollfondant je nach Wunschfarbe mit weißem Rollfondant mischen.

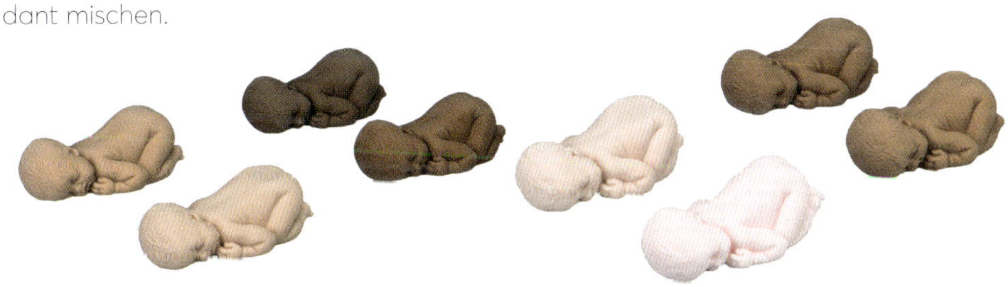

Bei den Babys wurde weißer Rollfondant mit den Pastenfarben „Chocolate" und „Flamingo Pink" in unterschiedlichen Mischungsverhältnissen gefärbt.

GRAUTÖNE

Grautöne erhält man, indem man weißen Rollfondant mit schwarzem Rollfondant in unterschiedlichen Mengen abtönt.

Dekorative Oberflächen

FARBVERLAUF

Besondere Farbeffekte für mehrfarbige Torten können Sie mit Farbverläufen erzielen. Dabei gehen die verschiedenen Farben des Rollfondants sanft ineinander über oder verschwimmen sogar. Arbeiten Sie mit zwei, drei oder mehreren Wunschfarben.

Rollfondant in verschiedenen Farben, Gesamtmenge je nach Tortengröße (siehe Seite 59) • Bäckerstärke für die Arbeitsfläche • Rollholz

1 Die Rollfondantstücke mit der Hand zu gleich langen Strängen formen. Die Stränge möglichst dicht nebeneinanderlegen.

2 Die Stränge mit dem Rollholz auf der mit Bäckerstärke bestreuten Arbeitsfläche 4–8 mm dick ausrollen, sodass sich die Farben verbinden.

3 Unregelmäßige Kanten ggf. beschneiden. Anschließend das untere Drittel des ausgerollten Fondants zur Mitte falten, dann das obere Drittel darüberlegen.

4 Den zweifach gefalteten Fondant erneut 4–8 mm ausrollen. Schritt 3 und 4 so lange wiederholen, bis der gewünschte Farbverlauf entsteht.

6 Die Torte mit Rollfondant eindecken (siehe Seite 59 ff.) oder nach Wunsch Motive ausstechen oder modellieren.

Farben vermischen

Je häufiger Sie den mehrfarbigen Rollfondant falten und wieder ausrollen, desto mehr vermischen sich die Farben. Achten Sie jedoch darauf, nicht zu viel zu falten, damit der Rollfondant seine Stabilität behält und nicht reißt.

Tipp: Manchmal ist die Rückseite schöner als die Vorderseite. Drehen Sie den ausgerollten Fondant daher immer einmal um und entscheiden Sie, welche Seite Sie verwenden möchten.

ZEBRAMUSTER

500 g Rollfondant in Weiß * 200 g Rollfondant in Schwarz * Bäckerstärke
Rollholz * Alufolie, Rest * Schneiderad, alternativ Messer

1 Die Arbeitsfläche mit Bäckerstärke bestäuben. Den weißen Rollfondant mit dem Rollholz auf 5 mm Stärke ausrollen.

2 Alufolie leicht knittern, auf den Rollfondant legen und mithilfe des Rollholzes eine Struktur in den Rollfondant prägen.

3 Den schwarzen Rollfondant auf 2 mm Stärke ausrollen und Schritt 2 wiederholen.

4 Mit dem Schneiderad aus dem schwarzen Rollfondant unregelmäßig geformte Streifen zurechtschneiden.

5 Die Streifen im Zebramuster auf dem weißen Rollfondant anordnen.

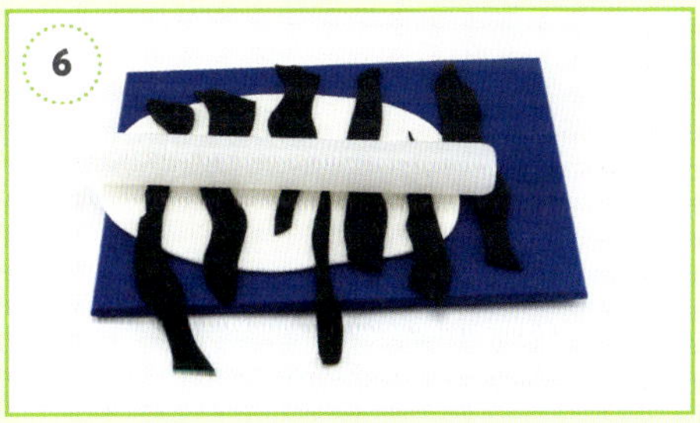

6 Den schwarz-weißen Rollfondant auf 2–3 mm Stärke ausrollen, …

7 … dabei zum Schluss noch einmal die Alufolie wie in Schritt 2 einsetzen. Die Torte (ø 26 cm) anschließend mit dem Zebrarollfondant eindecken.

Stylo à base de colorants alimentaires
Rotulador alimentario
Rotulador alimentario
Rotulador alimentario
Happy Birthday

Malen und Schreiben auf Rollfondant

Farben und Werkzeug

Es gibt zahlreiche Möglichkeiten, auf Rollfondant zu schreiben oder zu malen – mit Lebensmittelfarbstiften, mit dem Pinsel oder mit der Airbrush. Für jedes Motiv findet sich die passende Technik. Wichtig sind dabei die richtigen Farben, Werkzeuge und vor allem der Untergrund, damit das Kunstwerk schön wird und lange hält. Nicht jeder Rollfondant ist zum Bemalen oder Beschriften geeignet. Wenn Sie mit einem Produkt schlechte Erfahrungen gemacht haben, versuchen Sie beim nächsten Mal ein anderes. Fertigen Sie daher bei Torten für besondere Anlässe vorher immer eine Probetorte an.

Beim Malen und Schreiben auf Rollfondant sind der Fantasie keine Grenzen gesetzt.

Generell muss Rollfondant, auf den gemalt oder geschrieben werden soll, eine trockene Oberfläche haben. Je trockener der Rollfondant ist, desto besser nimmt er die Farbe an, vor allem wenn die Farbe dünn mit dem Pinsel aufgetragen werden soll. Auch für die Colourwash-Technik (siehe Seite 83) muss der Untergrund möglichst trocken und glatt sein. Ist der Rollfondant speckig oder fettig, können die Farben verlaufen oder sich zusammenziehen. Verwenden Sie zum Bemalen und Beschriften daher immer Rollfondant in Premiumqualität.

LEBENSMITTELFARBSTIFTE

Mit Lebensmittelfarbstiften können Sie schreiben oder malen wie mit Filzstiften. Dazu muss der Rollfondant allerdings trocken und fest sein, damit die Stiftspitze beim Schreiben nicht die Oberfläche zerstört. Soll direkt auf die Torte gemalt werden, sollte diese am Vortag eingedeckt und am nächsten Tag erst bemalt werden. Für Einsteiger empfiehlt es sich allerdings, auf vorher ausgeschnittenen Rollfondantstücken zu malen oder zu schreiben und diese im Nachhinein auf die Torte zu kleben. Dazu den Rollfondant 2–3 mm dick ausrollen, die Streifen o. Ä. zuschneiden, über Nacht trocknen lassen und am nächsten Tag bemalen oder beschriften.

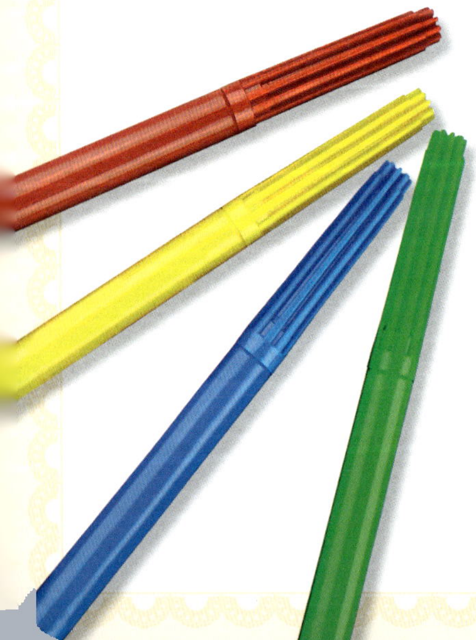

GEL- UND PASTENFARBE

Verdünnte Lebensmittelgel- oder Lebensmittelpastenfarbe eignet sich zum Schreiben und Malen mit dem Pinsel. Zum Verdünnen der Farbe wird in der Regel klarer, vierzigprozentiger Alkohol (z. B. Wodka) oder alternativ Wasser verwendet (siehe Kasten „Mit Wasser verdünnen"). Achten Sie darauf, dass sich die Farbkristalle in Farben mit dem Inhaltsstoff Titanoxid (E171) in mehr als vierzigprozentigem Alkohol nicht auflösen. Zum Verdünnen eine Messerspitze Gelfarbe in einer Schale mit ca. 10 ml Alkohol mischen. Da der Alkohol schnell verdunstet, trocknet die Farbe sehr schnell und macht die Rollfondantoberfläche nicht klebrig. Verdünnte Gel- oder Pastenfarbe wird vor allem bei der Aquarelltechnik (Watercolour) oder Colourwash verwendet (siehe Seite 83).

Mit Wasser verdünnen

Anstatt Alkohol können Sie zum Verdünnen von Lebensmittelgel-, Lebensmittelpasten- oder Puderfarbe auch dieselbe Menge Wasser verwenden. Die auf diese Weise verdünnte Farbe trocknet jedoch nicht so schnell und die Rollfondantoberfläche kann aufgrund des hohen Wasseranteils etwas klebrig werden.

Mit dem Pinsel lässt sich verdünnte Gel- und Pastenfarbe in feinen und breiten Linien auftragen. Zudem kann man mit dem Pinsel schwungvoller schreiben als mit einem Filzstift.

PUDER- UND METALLICFARBEN

Puder-, Glanz- und Metallicfarben in Lebensmittelqualität sind reine Oberflächenfarben, die nicht in den Rollfondant eingeknetet, sondern direkt aufgetragen werden. Man kann sie verdünnt oder unverdünnt verwenden.

Möchten Sie Puder- oder Metallicfarbe unverdünnt auftragen, empfiehlt es sich, die Rollfondantoberfläche zunächst mit etwas Wasser zu bedampfen. Dies geht am besten mit einer Dampfente (Cake Steamer) oder unter äußerster Vorsicht auch mit Wasserdampf aus dem Wasserkocher. Alternativ kann der Rollfondant auch mit der Hand oder mit dem Pinsel sehr dünn mit etwas weißem Fett (z. B. Palmin) eingerieben werden. Dadurch wird die Oberfläche etwas klebriger und die Farben haften und decken besser. Möchten Sie jedoch nur einen Hauch von Farbe, dann sollte die Oberfläche angetrocknet sein und mit dem Pinsel nicht zu viel Farbe aufgetragen werden.

Mit Lebensmittelpuderfarbe können Sie auch auf Rollfondant malen oder schreiben. Dazu muss die Farbe mit einer Mischung aus Lebensmittellack und mindestens vierzigprozentigem Alkohol (z. B. Wodka) verdünnt werden; man kann sie auch mit Wasser verdünnen (siehe Kasten Seite 81). Mischen Sie dazu in einer Schale ½ TL Puderfarbe mit 10 ml Alkohol und 10 ml Lebensmittellack. Diese Farbmischung trocknet sehr schnell. Durch die Zugabe des Lebensmittellacks wird darüber hinaus die Oberfläche gleich versiegelt, sodass die Malerei nicht mehr mit Lebensmittellackspray fixiert werden muss. Die mit Lebensmittellack vermischte Puderfarbe verklebt Pinselhaare bzw. -borsten sehr stark. Reinigen Sie daher die Malwerkzeuge sofort nach Gebrauch mit Reinigungsalkohol oder sechsundneunzigprozentigem Weingeist.

Zum Schreiben auf Rollfondant ist verdünnte Lebensmittelpuderfarbe ideal.

Mit verdünnter Puder- oder Pastenfarbe lässt sich wie mit Wasserfarbe malen.

Lebensmittellack

Lebensmittellack ist in Sprühdosen oder zum Auftragen mit dem Pinsel erhältlich. Zum Versiegeln eignet sich am besten die Sprühdose. Fertige Dekorationen aus Zucker, Marzipan oder Schokolade auf Backpapier legen und mit 30 cm Abstand gleichmäßig einsprühen. Sprühen Sie den Lack dünn auf und beginnen Sie immer neben den Objekten mit dem Sprühen, nicht direkt darüber. Legen Sie bei der Arbeit mit Lebensmittellack stets die Arbeitsfläche mit Zeitungspapier aus. Der Lack enthält Schellack und lässt sich daher von Oberflächen nur schwer entfernen. Sollte dennoch mal etwas danebengehen, sofort mit Alkohol oder Reinigungsbenzin entfernen.

SPRITZGLASUR (ROYAL ICING)

Mit Spritzglasur (Royal Icing) lassen sich vielfältige Muster und Schriftzüge auf Rollfondant aufspritzen. Die Eiweißspritzglasur kann in jeder beliebigen Farbe passend zum Rest der Torte eingefärbt werden. Das Schreiben und Malen mit dem Spritzbeutel erfordert etwas Übung und wird in Kapitel 6 (siehe Seite 132 ff.) ausführlich erklärt.

Maltechniken

COLOURWASH

Colourwash ist mit Wasser oder Alkohol stark verdünnte Farbe, die großflächig mit einem Pinsel aufgetragen wird (siehe Seite 93 und 94) und für Aquarell- bzw. Watercolourtechnik geeignet ist. Zum Verdünnen empfiehlt sich vierzigprozentiger Alkohol (z. B. Wodka). Je höherprozentig der Alkohol, desto schneller trocknet die Farbe, die dadurch weniger glänzt. Allerdings lösen sich bei manchen Farben mit dem Inhaltsstoff Titanoxid (E171) die Farbkristalle am besten durch Alkohol mit vierzig Volumenprozent. Sollten Sie zu viel Farbe aufgetragen haben, können Sie diese mit etwas Küchenpapier oder einem Schwamm wieder vom Rollfondant abnehmen.

Auch einzelne Dekoelemente, wie hier die gelben Rollfondantfliesen, lassen sich mit der Colourwashtechnik bearbeiten.

AIRBRUSH

Mit einer Airbrush-Pistole lassen sich ganz einfach flächige Untergründe und Farbverläufe sowie grafische Motive auf Rollfondant aufsprühen. Auch zum Schreiben ist der Luftpinsel sehr gut geeignet.

Die Airbrush arbeitet mit komprimierter Luft. Diese strömt durch die sogenannte Pistole, die mit einem Farbtrichter versehen ist, der mit flüssiger Lebensmittelfarbe befüllt wird. Die Farbe vermischt sich mit der verdichteten Luft und wird fein zerstäubt ausgestoßen. Je größer der Luftdruck, desto feiner ist der Farbnebel. Mit geringerem Luftdruck bekommt das Gesprühte etwas mehr Sprenkel. Reduzieren Sie den Luftdruck immer, wenn Sie auf Sahne oder Creme sprühen. Zu hoher Luftdruck aus der Airbrush kann sonst die Dekoration zerstören.

Farbauftrag

Der Farbauftrag kann durch den Abstand der Pistole zu der zu besprühenden Oberfläche sowie durch die Öffnung des Farbhebels, die Einfluss auf die Farbmenge hat, variiert werden.

Leuchtende Farben

Die Farbenlehre ist beim Airbrushen besonders wichtig. Um schöne satte Farben zu bekommen, wird vor dem Aufsprühen von Braun, Grün und Rot zunächst mit gelber Farbe vorgearbeitet. Je intensiver der Gelbton aufgetragen wird, desto leuchtender werden die Farben Braun, Grün und Rot. Alle anderen Farben werden direkt aufgetragen.

Für dünne Linien den Farbhebel nur wenig aufziehen und nah an der Oberfläche sprühen. So kann man mit der Airbrush auch auf Rollfondant schreiben.

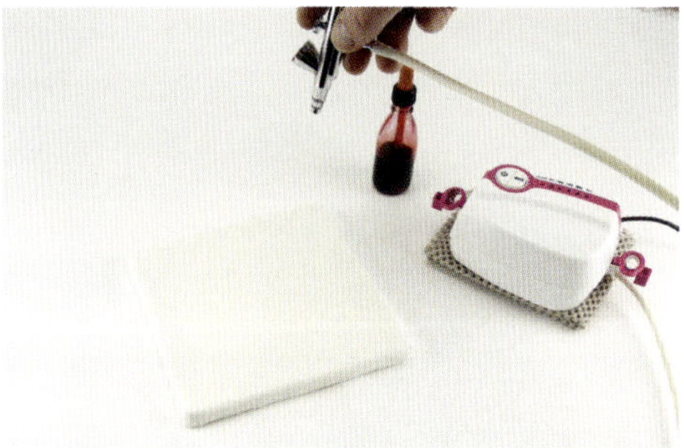

Für flächigen Farbauftrag den Farbhebel weiter aufziehen und mit mehr Abstand zum Untergrund sprühen.

Mit dem flächigem Farbauftrag lässt sich ganz einfach ein Hinter- oder Untergrund (z. B. Himmel, Meer, Wiese) aufsprühen.

Wird der Farbhebel zu weit aufgezogen und mit zu wenig Abstand zum Untergrund gesprüht, kleckert die Farbe.

Farbverlauf sprühen

Farbverläufe, wie etwa ein Sonnenuntergang, lassen sich mit der Airbrush ganz einfach herstellen, indem mehrere Schichten Farbe nacheinander aufgesprüht werden. Mit einer Palmenschablone wird daraus ein atmosphärisches Südseemotiv.

Airbrush • Lebensmittelflüssigfarbe in Gelb, Grün, Braun und Blau
Schablone „Palmen" • Schreibnadel • Tasse • 8 Schraubmuttern

1 Die Schablone auf den frischen Rollfondant legen und mit Schraubmuttern beschweren.

2 Die Schablone mit der Airbrush in Gelb aussprühen. Dies ist empfehlenswert, wenn für das Motiv die Farben Grün, Rot und Braun verwendet werden (siehe Tippkasten „Leuchtende Farben", Seite 84). Es können auch nur Teile der Schablone ausgesprüht werden.

3 Anschließend die Schablone mit den endgültigen Farben aussprühen.

4 Die Schablone vorsichtig entfernen.

5 Die Motive nach Wunsch mit der Schreibnadel bearbeiten, z. B. Blattstrukturen herausarbeiten.

6 Die Position der Sonne bestimmen und mit einer runden Schablone, alternativ einer Tasse, abdecken. Die Schablone mit Schraubmuttern beschweren.

7 Den Hintergrund für den Himmel vollflächig in Gelb ansprühen. Für einen intensiveren Farbeffekt rund um die Sonne die Farbe kräftiger aufsprühen.

8 Anschließend Rot aufsprühen, dabei darauf achten, dass der gelbe Rand rund um die Sonne noch durchscheint.

9 Die Schablone für die Sonne vorsichtig entfernen.

10 Mit ein wenig brauner Farbe den rotgelben Himmel sprühen, um den Eindruck der untergehenden Abendsonne zu verstärken.

11 Für das Meer einen Streifen in Blau aufsprühen. Zum Strand hin die Farbe etwas dünner aufsprühen.

12 Nach Wunsch mit der Schreibnadel ein wenig Farbe als Gischt von der Oberfläche kratzen, um das Wasser lebendiger zu gestalten.

Reinigen der Pistole

Achten Sie darauf, dass vor jedem Farbwechsel die alte Farbe aus der Pistole vollständig entfernt wurde. Dafür die alte Farbe entweder in ein Küchentuch sprühen oder vorab noch 1–2 Tropfen Airbrushreiniger in die Pistole geben. Manchmal ergibt sich durch die Mischung von alter und neuer Farbe aber auch ein schöner Effekt.

Am Ende einer Sprühsession sollten Sie die Pistole stets mit Airbrushreiniger säubern, damit die Nadel nicht verstopft, ggf. den Farbbehälter mit einem Wattestäbchen reinigen.

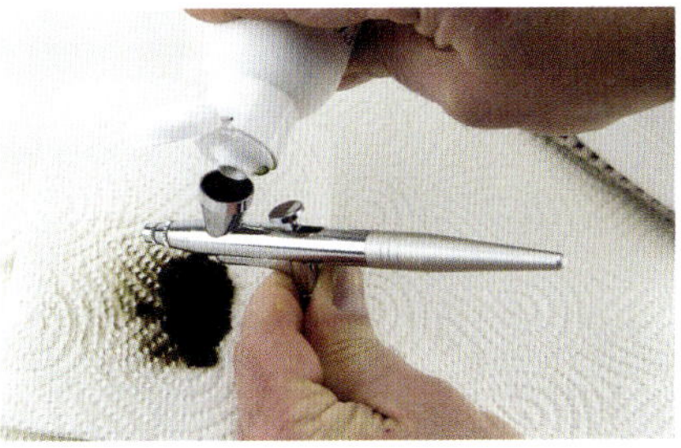

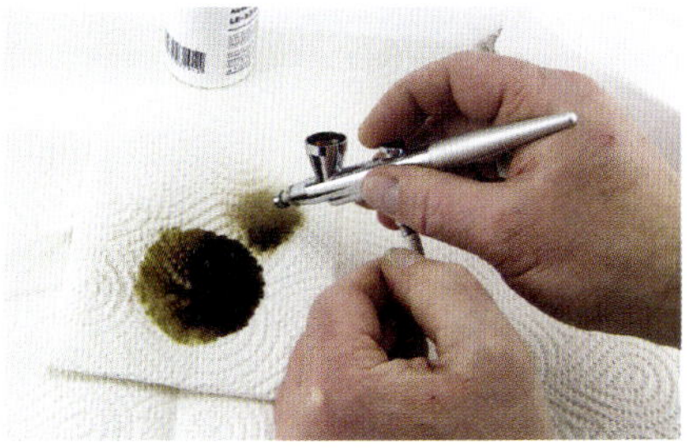

Nach jeder dritten bis vierten Nutzung sollte die Nadel entfernt und gesäubert werden.

1 Die Verschlusskappe hinten abdrehen, die Verstellschraube lösen und die Nadel herausziehen.

2 Die Nadel mit einem Küchenpapier reinigen …

3 … und wieder einsetzen. Wenn die Nadel eingesetzt ist, Nadel gedrückt halten und die Verstellschraube wieder festdrehen. Zum Schluss die Verschlusskappe wieder aufsetzen.

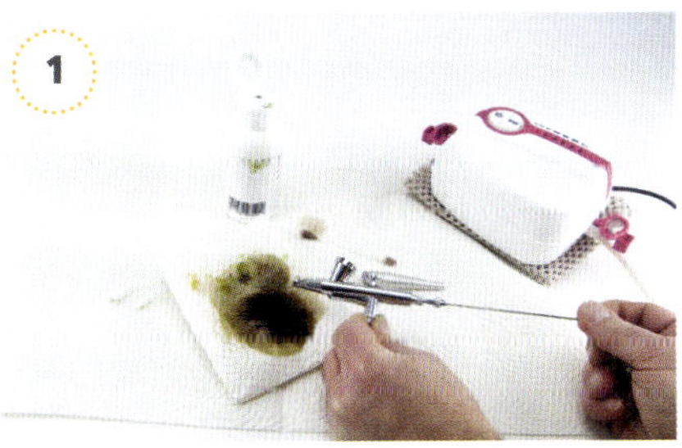

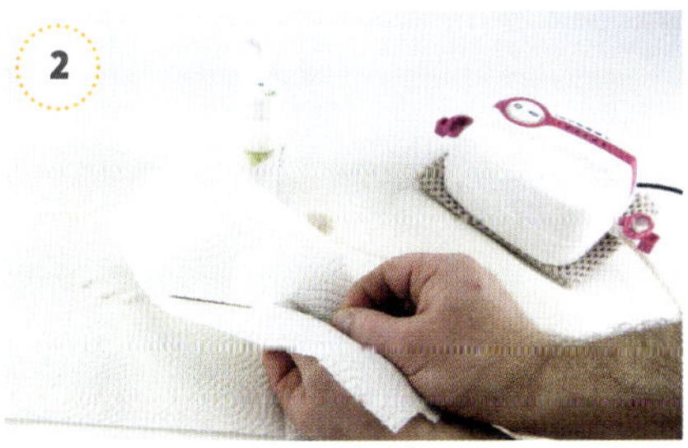

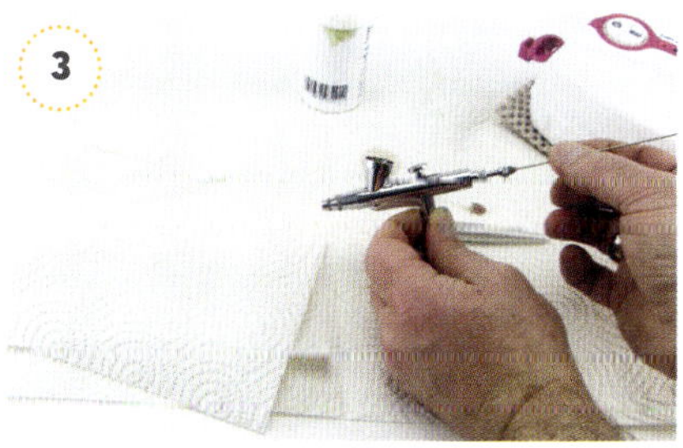

SCHABLONEN

Schablonen gibt es mit den unterschiedlichsten Motiven. Sie können in Kombination mit Airbrush, Schwamm oder Pinsel eingesetzt werden.

Schablone und Airbrush

Schablone • 8 Schraubmuttern • Airbrush • flüssige Lebensmittelfarbe nach Wunsch

1 Die Schablone auf den Rollfondant legen und mit den Schraubmuttern beschweren.

2 Mit der Airbrush nach und nach die gewünschten Farben aufsprühen. Achten Sie darauf, dass Sie mit Gelb vorsprühen, wenn Sie später Rot, Grün oder Braun aufsprühen möchten (siehe Tippkasten „Leuchtende Farben", Seite 84).

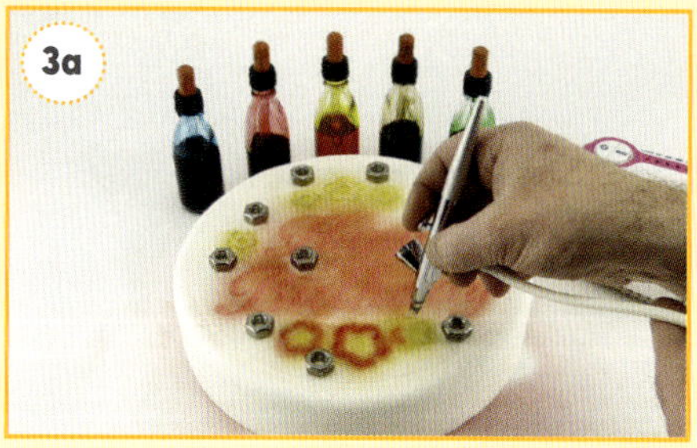

3 Ein schöner Effekt entsteht, wenn auf einige Muster mehr Farbe aufgetragen wird und die überschüssige Farbe anschließend mit einem Schwamm entfernt wird. Die Muster übertragen sich dann auf den Rollfondant.

3 Die Schablone vorsichtig entfernen.

4 Sollte etwas Farbe neben der Schablone auf die Torte gelangt sein, können Sie dies leicht retuschieren. Die Torte einfach in einem passenden Farbton komplett einsprühen. Hierbei nur ganz wenig Farbe auftragen, damit die Muster der Schablone noch zu sehen sind.

Schablone und Puderfarbe

Um die Rollfondantoberfläche mit Puderfarbe zu bemalen, sollte der Rollfondant noch frisch sein. Die Torte wird also direkt nach dem Eindecken bearbeitet.

Motivschablone nach Wunsch * Rollholz * Glätter * weißes Fett (z. B. Palmin oder Kokosfett) * Puderfarbe * 2 weiche Pinsel

1 Die Schablone auf die Oberfläche legen und mit dem Rollholz mit leichtem Druck darüber rollen. So entsteht ein leichter 3-D-Effekt und man vermeidet außerdem, dass die Puderfarbe unter die Schablone läuft.

2 Mit dem Glätter über die Schablone streichen.

3 Etwas weißes Fett (Palmin oder Kokosfett) dunn mit einem sauberen, trockenen und weichen Pinsel auf die geprägten Muster streichen.

4 Die trockene Puderfarbe ebenfalls mit einem weichen, trockenen Pinsel auftragen.

Alternativ kann sie auch mit einem angefeuchteten Schwamm aufgetupft werden.

5 Zum Schluss die Schablone vorsichtig entfernen.

Motive und Muster

BUCHSTABEN UND ZAHLEN

Mit Glückwunschbotschaften, Namen, Geburtstagen oder Jubiläumszahlen können Sie jede Torte im Handumdrehen personalisieren. Zum Schreiben eignen sich Lebensmittelfarbstifte, Pinsel oder eine Spritztülle mit Buttercreme, Lebensmittelgelfarbe oder Spritzglasur (Royal Icing; siehe Seite 132 ff.) am besten. Wie bei allen anderen Maltechniken auch sollte der Rollfondant, auf dem geschrieben wird, eine trockene und sehr glatte Oberfläche haben. Premiumrollfondant mit feinen Zuckerkristallen lässt sich für diese Zwecke am besten glatt polieren, sodass Stifte oder Pinsel beim Schreiben leicht darüber gleiten. In der Regel reicht es aus, den Rollfondant vor dem Bemalen oder Beschriften 30 Minuten an der Luft trocknen zu lassen. Testen Sie jedoch vorher stets an einem Probestück, wie lange der verwendete Rollfondant zum Trocknen benötigt. Es ist empfehlenswert, zuerst Schriftzüge zu gestalten und danach Dekorationen wie Blüten, Blätter usw. anzubringen. So können Sie am besten abschätzen, wie viel Platz Sie für die Dekoration haben.

Frei Hand schreiben

Eine Torte frei Hand zu beschriften, verlangt etwas Übung. Zuvor sollten Sie den gewünschten Schriftzug auf Papier üben. Sie können ihn auch am Computer in einer Schrift Ihrer Wahl (z. B. Lucida Handwriting) erstellen, in der passenden Größe ausdrucken und anschließend die Buchstaben auf Papier nachfahren. Beim Nachfahren der Vorlage tritt ein Memory-Effekt ein, der das Schreiben frei Hand erleichtert. Legen Sie ein Lineal als Orientierung auf den Rollfondant, über dem Sie den Schriftzug anbringen. So bleibt die Schrift auf einer geraden Linie.

Auf Nummer sicher gehen

Für Anfänger bietet es sich an, das Motiv nicht direkt auf die Torte zu malen oder zu schreiben. Besser ist es, ein Stück Rollfondant zurechtzuschneiden oder auszustechen (z. B. ein Herz), zu bemalen oder zu beschriften und anschließend mit essbarem Kleber auf die Torte zu kleben. Falls es misslingt, muss nicht die ganze Torte neu eingedeckt, sondern nur ein neues Motiv gestaltet werden.

Mit heller Farbe vorschreiben

Es kann auch hilfreich sein, den Text mit einer sehr hellen, kaum wahrnehmbaren Gelfarbe vorzuschreiben und den Schriftzug dann später mit der Wunschfarbe nachzufahren. Beachten Sie jedoch, dass sich die einmal aufgetragene Farbe nicht mehr entfernen lässt. Daher sollten Sie vorher auf jeden Fall üben, um zu vermeiden, dass die Torte wegen eines misslungenen Schriftzugs neu eingedeckt werden muss.

Mit Vorlagen arbeiten

Um dekorative Schriftzüge, Zahlen oder Monogramme auf Rollfondant zu übertragen, können Sie zunächst eine Vorlage am Computer erstellen. Wählen Sie eine prägnante Schriftart in der passenden Größe, drucken Sie das Ganze aus, übertragen Sie es auf Backpapier und die Vorlage anschließend auf Rollfondant (siehe unten). Gemalt wird auf den Rollfondant mit Stiften oder verdünnter Lebensmittelpastenfarbe und Pinsel. Wirkungsvoll ist es auch, den Schriftzug in einer Art Banner zu präsentieren.

Vorlagen übertragen

1 Schriftzug oder Motiv mit weichem Bleistift auf ein Stück Backpapier schreiben. Alternativ den Schriftzug zunächst am Computer ausdrucken und dann auf Backpapier abpausen.

2 Das Backpapier wenden, sodass der Schriftzug spiegelverkehrt erscheint. Den Schriftzug erneut mit dem Bleistift nachzeichnen.

3 Das Backpapier mit der gespiegelten Seite auf den Rollfondant legen und den Schriftzug noch einmal mit dem Bleistift nachziehen.

4 Der Schriftzug ist nun auf den Rollfondant übertragen. Mit Lebensmittelfarbstift, Pinsel oder Spritztülle sauber nachfahren.

BLUMEN

Einfache Blumen können Sie frei Hand malen. Dazu einfach fünf bis sechs Farbpunkte mit Lebensmittelfarbstiften oder verdünnter Lebensmittelpastenfarbe und Pinsel auftragen und die Blütenmitte gelb färben. Üben Sie zuvor am besten auf Papier oder einem Reststück Rollfondant. Sie können die Motive auch zuerst auf Backpapier aufzeichnen und als Vorlage nutzen (siehe oben). Auch Vorlagen aus dem Internet lassen sich so für die Dekoration einer Torte verwenden. Mithilfe der Vorlagen können Sie einzelne Motive auch ausschneiden und mit Stecknadeln an den gewünschten Stellen fixieren, um zu prüfen, wie die fertige Malerei aussehen würde.

Dekorative Oberflächen

KREIDETAFEL

Mit schwarzem Rollfondant und weißer Puderfarbe können Sie einen hübschen Kreidetafeleffekt erzielen. Wenn die ganze Torte in diesem Stil bearbeitet werden soll, zuerst die Torte komplett eindecken, mindestens 30 Minuten trocknen lassen und anschließend beschriften. Es können auch nur einzelne Tafelelemente in dieser Technik gearbeitet und fertig gestaltet mit essbarem Kleber auf die eingedeckte Torte geklebt werden.

Rollfondant in Schwarz * ½ TL Lebensmittelpuderfarbe in Weiß * 10 ml klarer Alkohol (mindestens 40 Volumenprozent) * Pinsel * Bäckerstärke

Pinselstärke

Wählen Sie die Pinselstärke je nach Schriftart aus. Soll es eine sehr filigrane Schrift sein, eignet sich ein dünner und eher spitzer Pinsel am besten. Soll es eine dicke, blockartige Schrift sein, empfiehlt es sich, einen dicken und eher runden Pinsel zu verwenden.

1 Die Arbeitsfläche mit Bäckerstärke bestäuben und den Rollfondant mit dem Rollholz auf 2 mm Stärke ausrollen. 30 Minuten trocknen lassen.

2 Die Lebensmittelpuderfarbe in einer Schale mit dem Alkohol mischen. Das Mischungsverhältnis von Puderfarbe und Alkohol sollte 2:1 und die Konsistenz der verdünnten Farbe ähnlich wie Wasserfarbe sein. Probieren Sie immer erst auf einem gesonderten Stück, ob die gewünschte Deckkraft erreicht ist.

3 Die verdünnte Farbe mit dem Pinsel auf den schwarzen Rollfondant auftragen.

3

JEANSSTOFF

Rollfondant in Weiß, Menge je nach Tortengröße (siehe Seite 59) * 1 Msp. Lebensmittelpastenfarbe in Blau (z. B. Navy) * 10 ml klarer Alkohol (mindestens 40 Volumenprozent, z. B. Wodka) * Bäckerstärke * Rollholz * sauberes, fusselfreies Geschirrtuch aus Baumwolle oder Leinen * Backpinsel mit Schweineborsten * Lineal * Messer * Designrad

Hinweis: Verwenden Sie für die Jeansoptik einen Rollfondant in Premiumqualität, der eine Haut zieht.

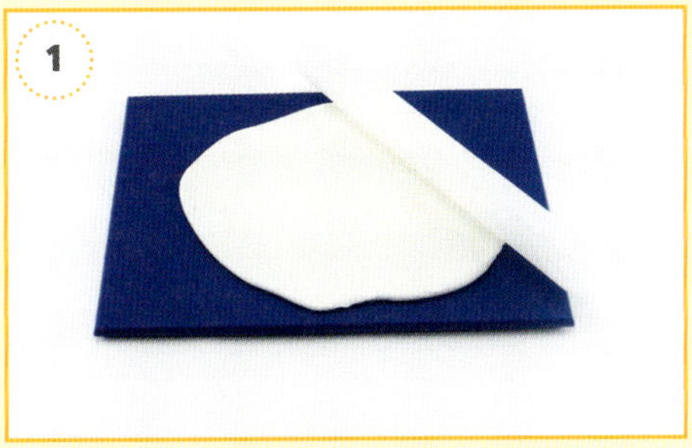

1 Die Arbeitsfläche mit Bäckerstärke bestäuben und den Rollfondant mit dem Rollholz auf 3 mm Stärke ausrollen.

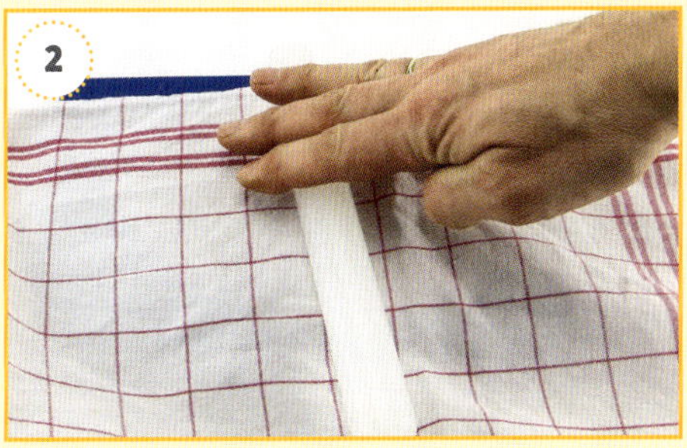

2 Das Geschirrtuch auf den Rollfondant legen und mithilfe des Rollholzes die Webstruktur auf den Rollfondant prägen.

3 Eine Messerspitze blaue Pastenfarbe in einer Schale mit dem Alkohol vermischen (siehe Seite 81). Für einen hellen Farbton etwas mehr, für eine dunklere Tönung etwas weniger Alkohol zugeben.

4 Die verdünnte Farbe mit dem Pinsel auf den Rollfondant auftragen, dabei stets in dieselbe Richtung streichen.

Ca. 30 Minuten trocknen lassen; vor der weiteren Verarbeitung prüfen, ob die Farbe getrocknet ist.

5 Mit Lineal und Messer Streifen zuschneiden, einfärben und mit dem Designrad Nähte für Taschen und Schlaufen prägen. Die Streifen als Tasche und Bund mit etwas Wasser auf dem großen Jeansstück aufkleben.

LEDER

Hinweis: Verwenden Sie für die Lederoptik einen Rollfondant in Premiumqualität, der eine Haut zieht.

Rollfondant in Beige oder Gelb, Menge je nach Tortengröße (siehe Seite 59)
10 ml klarer Alkohol (mindestens 40 Volumenprozent, z. B. Wodka) * je 1 Msp. Lebensmittelpastenfarbe in Braun und Gelb (z. B. „Bitter Lemon", „Chestnut" oder „Egyptian Orange") * Rollholz * Bäckerstärke * breiter Pinsel oder Schwamm * feiner Pinsel

1 Die Arbeitsfläche mit Bäckerstärke bestäuben und den Rollfondant mit dem Rollholz auf 3–4 mm Stärke ausrollen. Ausgerollt an der Luft 15–20 Minuten trocknen lassen, bis er eine leichte Haut hat.

2 Die Torte mit dem getrockneten Rollfondant eindecken; dabei entstehen Risse im Rollfondant, die später wie Gebrauchsspuren im Leder aussehen.

3 Den Alkohol in einer Schale mit brauner und gelber Pastenfarbe mischen, bis der gewünschte Lederfarbton entsteht. Es können noch gröbere Farbstücke in der Schale bleiben, die später für den Feinschliff des Leders genutzt werden können. Für einen hellen Farbton etwas mehr, für eine dunklere Tönung etwas weniger Alkohol zugeben.

4 Die verdünnte Farbe mit einem breiten Pinsel oder einem Schwamm auf dem Rollfondant auftragen. Überschüssige Farbe mit einem Küchentuch entfernen. So entsteht ein schönes Muster, das besonders echt wirkt. Farbe und Rollfondant ca. 30 Minuten trocknen lassen.

5 Mit einem kleinen Pinsel und den groben Farbstücken aus der Schale die Maserungen des Leders nachmalen.

5

Blattgold ersetzen

Anstelle von essbarem Blattgold können Sie auch Sweet Lace in Gold verwenden. Die essbare Spitze gibt es gebrauchsfertig oder als Masse zum Selbstherstellen. Dazu die Masse auf die Rückseite einer Spitzenmatte streichen und an der Luft, am besten über Nacht, trocknen lassen. Die getrocknete Spitze können Sie beliebig schneiden oder auch im Küchenmixer leicht schreddern, damit sie Blattgold ähnelt.

MARMOR

Mit ein wenig Lebensmittelfarbe, Pinseln und Alufolie lassen sich eindrucksvolle Marmor-Effekte in den Rollfondant zaubern. Blattgold und Goldpuder ahmen täuschend echte Maserungen und Ausbrechungen im Stein nach.

Rollfondant in Weiß, Menge je nach Tortengröße (siehe Seite 59) * Lebensmittelpastenfarbe in Babyblue * 10 ml klarer Alkohol (mindestens 40 Volumenprozent, z. B. Wodka) * Bäckerstärke weißer Kristallzucker * essbarer Kleber * Puderfarbe in Gold * essbare Goldflocken * Zahnstocher * Alufolie, Rest * feiner und mittelfeiner Rundpinsel

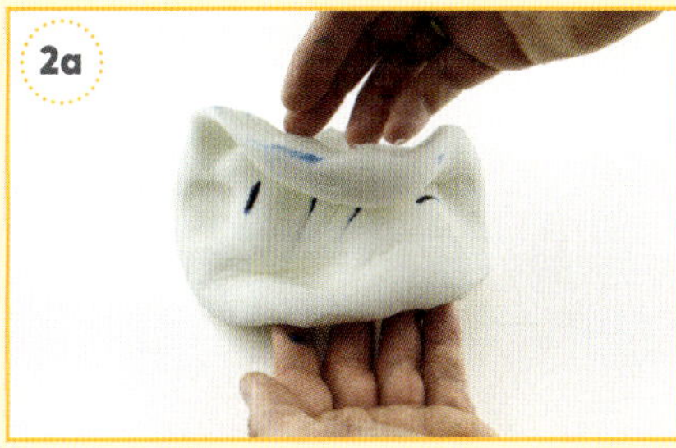

1 Den Rollfondant zu einer Kugel formen. Einen Zahnstocher in Gelfarbe tauchen und mit der gefärbten Spitze den Fondant ritzen.

2 Den Rollfondant leicht kneten, um die gewünschte Marmorierung zu erhalten.

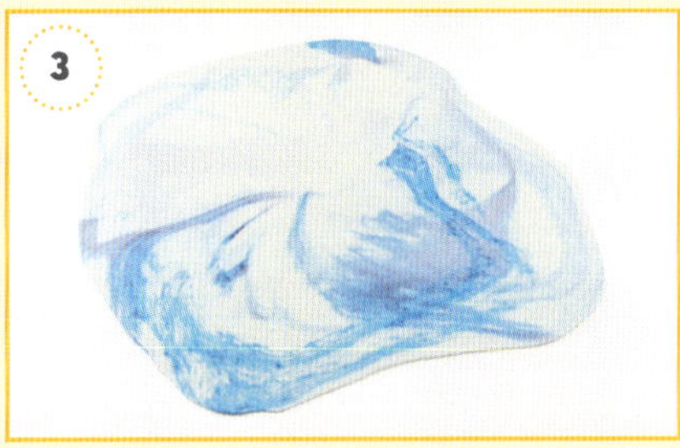

3 Den marmorierten Rollfondant auf der mit Bäckerstärke bestreuten Arbeitsfläche 2–3 mm dick ausrollen und die Torte damit eindecken.

4 Die Alufolie an einer Ecke grob zerknittern. Den Rollfondant an dunklen Stellen entlang der farbigen Maserung leicht mit der zerknitterten Alufolie eindrücken, sodass unregelmäßige Einbuchtungen entstehen.

5 Eine Messerspitze Gelfarbe in einer Schale mit 10 ml Alkohol verdünnen. Etwas verdünnte Pastenfarbe mit dem feinen Pinsel in den Einbuchtungen auftragen.

6 Mit einem Pinsel etwas essbaren Kleber in den Einbuchtungen auftragen und darauf weißen Kristallzucker streuen.

7 Den kleinen Pinsel in Puderfarbe tauchen und den Puder entlang der Einbuchtungen und Maserungen auftragen.

8 An den Rändern der gefärbten Einbuchtungen vorsichtig jeweils auf einer Seite mit der Rückseite des Pinsels etwas Blattgold auftragen.

Dekorieren mit Rollfondant

Werkzeug

Rollfondant lässt sich vielseitig zum Dekorieren von Torten, Muffins, Cake Pops und anderem Gebäck einsetzen. Sie können daraus Formen ausstechen, Bordüren, Blüten, Blätter und Figuren modellieren oder Oberflächen mit tollen Effekten zaubern. Mit einem Rollholz zum Ausrollen, Lineal und Messer, Zahnstocher und Ausstechern kommt man oft schon recht weit. Wer möchte, legt sich spezielles Werkzeug zu, um die eigenen Rollfondant-Kreationen noch professioneller gestalten zu können.

Foampad

Ein Foampad oder Schaumpolster ist ein gutes Hilfsmittel beim Modellieren von Blüten und Blättern aus Rollfondant. Auf dem Foampad können die Ränder von ausgestochenen Blüten mit einem Balltool oder Dresdentool ausgedünnt werden. Das Foampad gibt unter Druck etwas nach und so nimmt der Rollfondant eine schöne Form an. In die vorgestanzten Löcher können Blumendrähte eingesteckt werden, wenn Blumengestecke frei Hand modelliert werden.

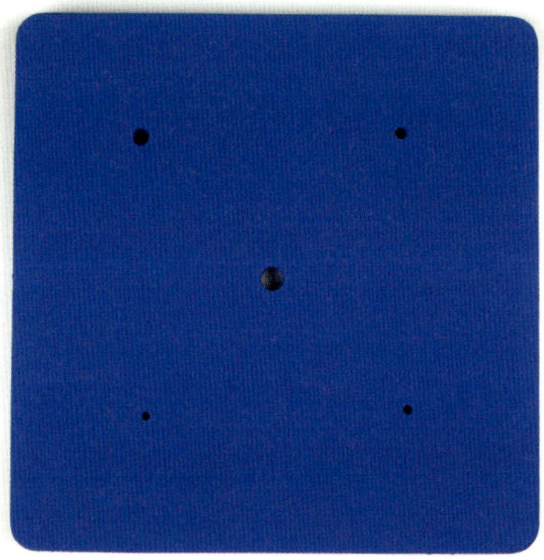

Tipp: Bestäuben Sie die Schaumstoffmatte vorher mit Bäckerstärke.

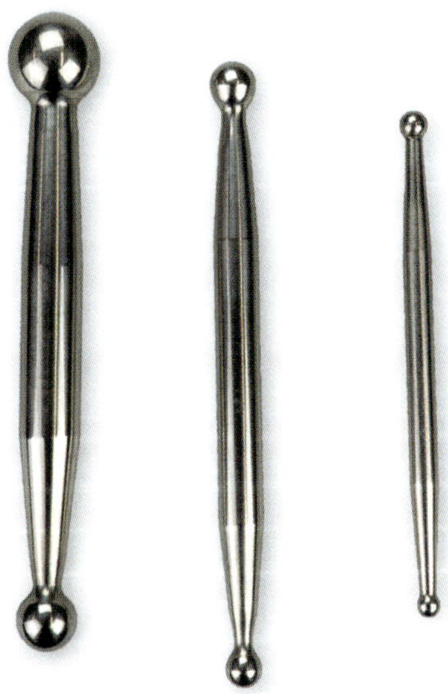

Balltool

Das Balltool eignet sich hervorragend, um auf dem Foampad Blütenränder auszudünnen (siehe Seite 121) oder Rollfondantoberflächen zu prägen (siehe Hammerschlag, Seite 104). Achten Sie beim Ausdünnen von Rändern stets darauf, dass Sie das Balltool mit einer Hälfte auf dem Rollfondant und mit der anderen Hälfte auf dem Foampad ansetzen.

Modellierholz

Das Modellierholz (Petal Veiner / Frill Mouth) ist ein vielseitiges Werkzeug. Mit der langen, spitz zulaufenden Seite arbeiten Sie Strukturen in Blätter und Blüten. Mit der halbrunden Seite lassen sich Münder oder Augenbrauen in Gesichter formen.

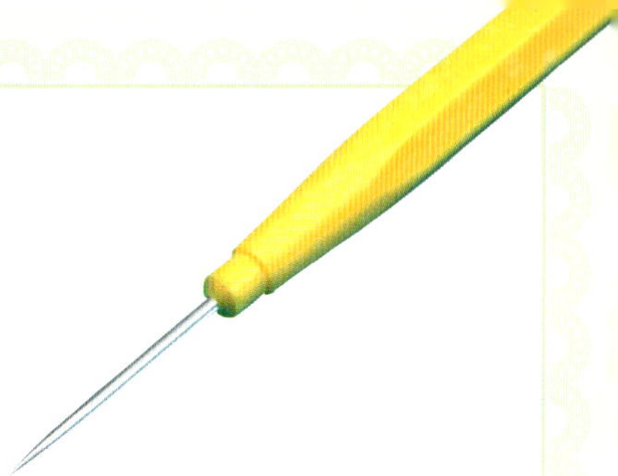

Rüschenschneider

Mit dem Rüschenschneider (Garrett Frill Cutter) lassen sich gut Girlanden und Bordüren herstellen. Einfach einen gewellten Kreis ausstechen, aufschneiden und mit dem Modellierkegel mit sanftem Druck auf dem Foampad die Ränder ausdünnen (siehe Seite 113).

Schreibnadel

Die Schreibnadel ist ein Werkzeug für filigrane Arbeiten. Mit ihr lassen sich z. B. nach dem Ausstechen kleine Fondantreste von dem ausgestochenen Motiv entfernen oder Luftblasen im Rohfondant aufstechen.

Kreisausstecher

Mit einem gewellten Kreisausstecher können Sie Blüten formen. Einfach ein Motiv ausstechen, mit dem Modellierholz mit sanftem Druck auf dem Foampad die Ränder ausdünnen, mit dem Balltool zur Blüte formen und in eine Tasse oder alternativ in einen Eierkarton zum Trocknen setzen.

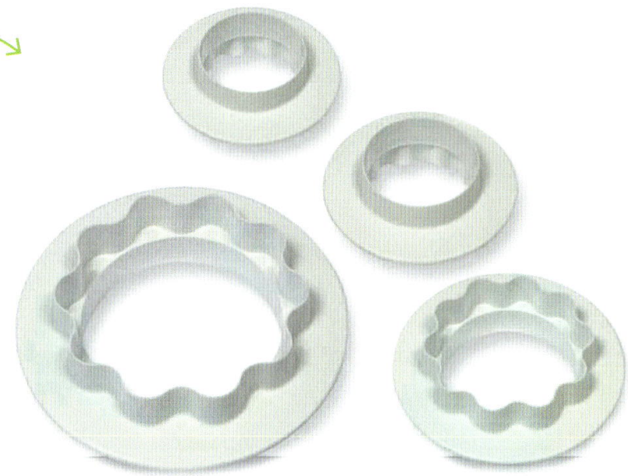

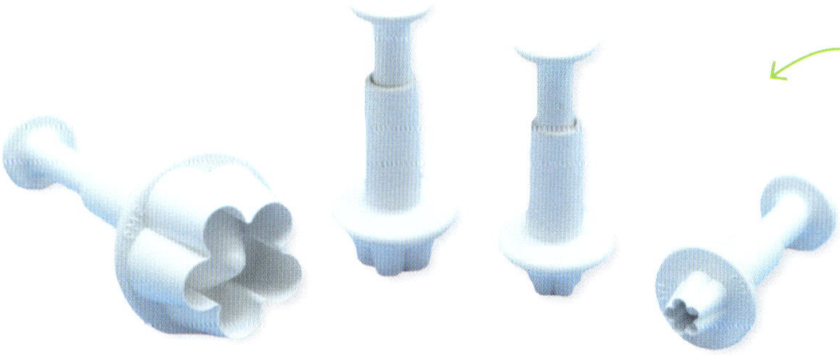

Blütenausstecher

Mit dem Five-Petal-Ausstecher können Sie eine fünfblättrige Blüte ausstechen. Anschließend mit dem Balltool auf dem Foampad die Ränder leicht ausdünnen. Für eine rundliche Blütenform die Blüten in ein Loch des Foampad oder in eine Tasse setzen.

Modellierkegel

Mit dem Modellierkegel werden bei der Herstellung von Rüschen auf dem Foampad die Ränder ausgedünnt. Dabei das Tool am Rand ansetzen und nur am Übergang zwischen Kopf und Stab den Druck ausüben, ansonsten kann der Rollfondant reißen.

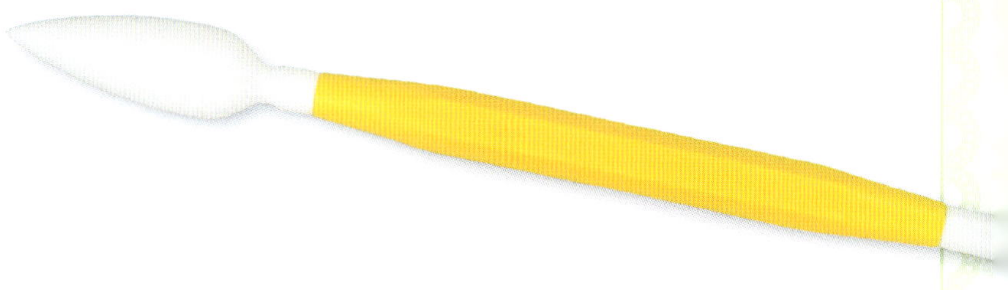

Plunger Cutter

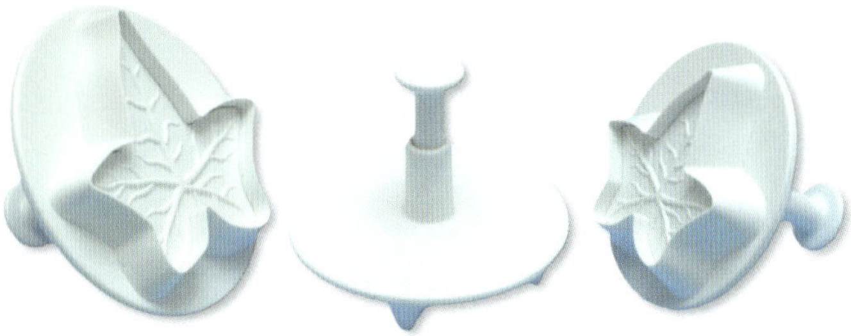

Plunger Cutter sind Motivstanzen mit einem Auswerfer. Es gibt sie für Blüten, Blätter und zahlreiche andere Motive. Mit dem Auswerfer wird das ausgestochene Motiv aus der Form herausgedrückt und die Oberfläche (z. B. Blattadern) zugleich geprägt.

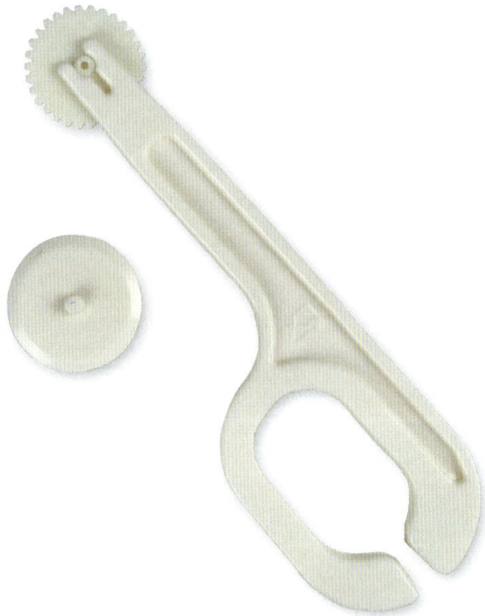

Schneidrad und Designrad

Mit dem Schneidrad (Trimmer) lassen sich leicht und sauber gerade Schnittkanten erzielen. Das Designrad mit dem gewellten Rand hinterlässt schöne Prägespuren.

Silikonformen

Silikonformen oder -stempel sind mit sehr vielen Motiven erhältlich. Der Rollfondant wird einfach hineingedrückt. Im Handumdrehen lassen sich so hübsche Blüten oder Figuren modellieren.

Aus der Form lösen

Damit der Rollfondant sich leichter aus der Form löst, bepudern Sie Silikonformen vorher mit Bäckerstärke und tauchen Sie auch Ausstecher vor der Verwendung zunächst in Bäckerstärke.

Strip Cutter

Mit dem Streifenausstecher (Strip Cutter, siehe Seite 105), den es in verschiedenen Breiten gibt, lassen sich ohne Lineal und Messer ganz einfach Streifen zuschneiden.

Geometrischer Multicutter

Mit dem geometrischen Multicutter lassen sich geometrische Figuren wie Rechtecke, Dreiecke, Rauten, aber auch z. B. Puzzleteile in größeren Mengen ausstechen.

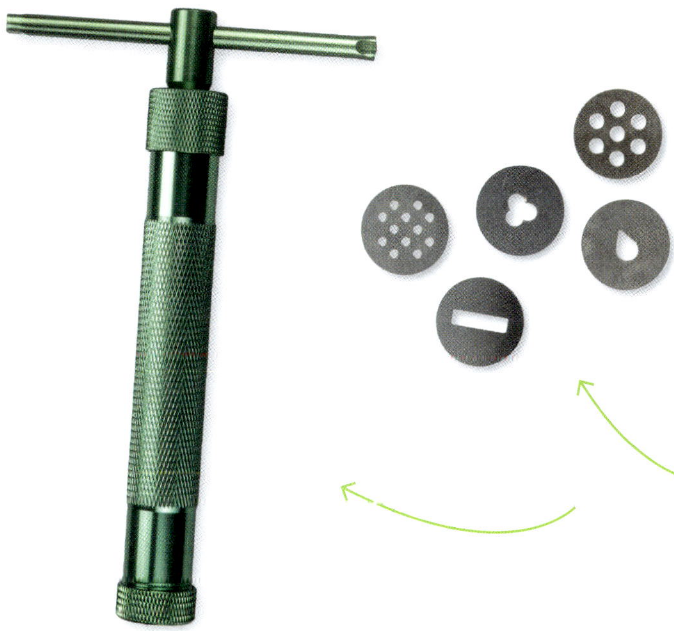

Extruder

Mit dem Extruder (Sugar Gun) lassen sich Schnüre in unterschiedlichen Stärken und Querschnitten herstellen. Dazu wird der Rollfondant durch verschiedene Musterscheiben gepresst.

Prägematten

Prägematten oder Silikonreliefmatten werden einfach auf den ausgerollten Rollfondant gelegt. Mit etwas Druck durch den Glätter oder das Rollholz prägt sich das jeweilige Motiv in die Zuckermasse.

Oberflächen modellieren

Mit einer Kombination aus Prägen oder Modellieren mit Färben oder Bemalen lassen sich manche Oberflächen mit Rollfondant täuschend echt nacharbeiten. In der Regel wird dabei zunächst die Rollfondantdecke gearbeitet und die Torte anschließend damit eingedeckt. Rollfondantmotive, die angeklebt werden, können auch nachträglich angebracht werden.

MUSTER PRÄGEN

Rollfondantoberflächen können auf verschiedene Arten modelliert werden. Am einfachsten geht es mit sogenannten Prägematten. Sie sind meist aus durchsichtigem Kunststoff und mit zahlreichen verschiedenen Motiven erhältlich, darunter geometrische Muster sowie Tier-, Blumen- oder andere Pflanzenmotive. Auch mit Silikonstempeln, z. B. für Blüten, lassen sich schöne Muster in ausgerollten Rollfondant drücken. Modellierwerkzeuge oder Holzstäbchen eignen sich gut, um Muster frei in den Rollfondant zu prägen (siehe Seite 67) Grundsätzlich gilt: Das Muster wird zunächst in den ausgerollten Rollfondant geprägt und erst dann wird die Torte damit eingedeckt. Ist die Torte bereits eingedeckt, ist das Prägen schwierig, da die Torte in den meisten Fällen zu weich ist und durch den Druck Schaden nehmen würde.

Mit einer Prägematte arbeiten

Rollfondant • Bäckerstärke zum Ausrollen • Rollholz • Prägematte

1 Die Arbeitsfläche mit Bäckerstärke bestäuben und den Rollfondant mit dem Rollholz ausrollen.

2 Die Prägematte auf den ausgerollten Rollfondant legen und mit dem Rollholz über die Prägematte rollen. Dabei wird das Muster auf den Rollfondant gedrückt.

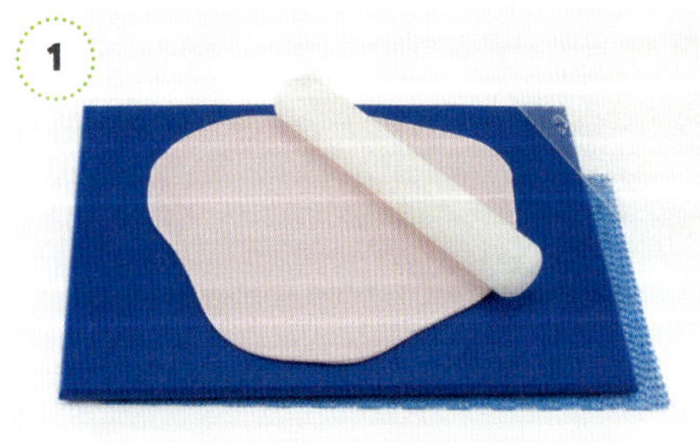

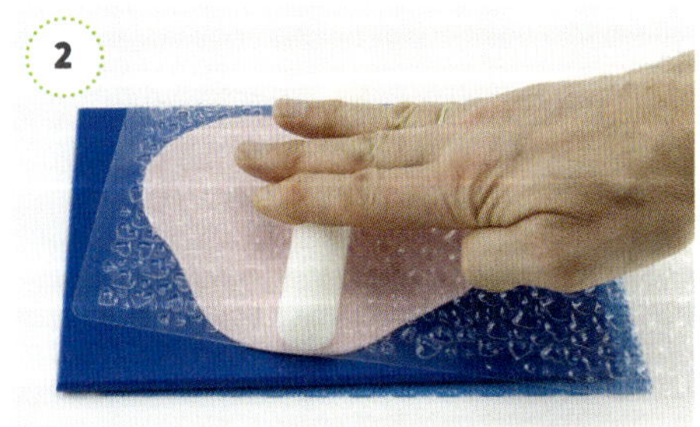

3 Die Prägematte entfernen.

4 Nach Wunsch aus dem geprägten Stück Rollfondant eine Form ausstechen und als Einzelelement auf der Torte anbringen …

5 … oder mit einem Randausstecher oder einem Lineal und Messer Streifen schneiden und als Bordüre um die Torte legen.

4

5

Beidseitig verwendbar?

Die Prägematten sind meist beidseitig verwendbar. Je nachdem, mit welcher Seite geprägt wird, erscheint das Motiv einmal erhaben (rechts) oder als Vertiefung (links).

Prägematte selbst machen

Mit einem Cakeboard und ein paar Gummiringen können Sie sich eine Prägematte für ein geometrisches Muster selbst herstellen.

Rollfondant in Farbe nach Wunsch • Rollholz • Alufolie, Rest • Cakeboard 10–15 Gummiringe in unterschiedlichen Stärken • etwas weißes Fett (z. B. Kokosfett oder Palmin), optional • Puderfarbe in Farbe nach Wunsch, optional • Bäckerstärke zum Ausrollen

1 Die Arbeitsfläche mit Bäckerstärke bestäuben und den Rollfondant mit dem Rollholz ausrollen.

2 Die Alufolie knittern, auf den Rollfondant legen und mit dem Rollholz darüberrollen.

2

3

3 Die Gummiringe kreuz und quer über das Cakeboard spannen.

4 Das Cakeboard auf den ausgerollten Rollfondant drücken.

4

5a

5b

5 Den Rollfondant nach Wunsch mit etwas Fett bestreichen und Puderfarbe mit dem Pinsel auftragen.

HAMMERSCHLAG

Mit Balltools und Puderfarbe in Metallic lässt sich auf Modellierschokolade die netzartige Struktur einer Hammerschlaglackierung nachahmen.

Modellierschokolade, Menge je nach Tortengröße (siehe Seite 59) • ca. 10 g weißes Fett (z. B. Kokosfett oder Palmin) • Rollholz • Balltool, ⌀ 0,5 cm und 2 cm • Lebensmittelpuderfarbe in Metallic Bronze • weicher Pinsel Bäckerstärke zum Ausrollen

1 Die Arbeitsfläche mit Bäckerstärke bestäuben und die Modellierschokolade mit dem Rollholz auf 3 mm Stärke ausrollen.

2 Mit dem großen Balltool vorsichtig Vertiefungen in die Schokolade drücken.

3 Mit dem kleinen und dem großen Balltool die Ränder der Vertiefungen leicht zusammendrücken, um eine schärfere Kante zu erhalten.

4 Die modellierte Oberfläche mit den Händen oder einem Pinsel mit etwas weichem Fett einreiben.

5 Für den Metallic-Effekt mit dem Pinsel reichlich Puderfarbe auf die gefettete Oberfläche auftragen.

STEINMAUER

500 g Rollfondant in Grau * 250 g Rollfondant in Rotbraun * Bäckerstärke essbarer Kleber * Rollholz * Glätter * Alufolie, Rest * Ausstecher „Streifen 22 mm breit" (Strip Cutter No. 4) * Messer * Pinsel

1 Die Arbeitsfläche mit Bäckerstärke bestäuben. Den grauen Rollfondant mit dem Rollholz auf 2 mm Stärke dünn ausrollen.

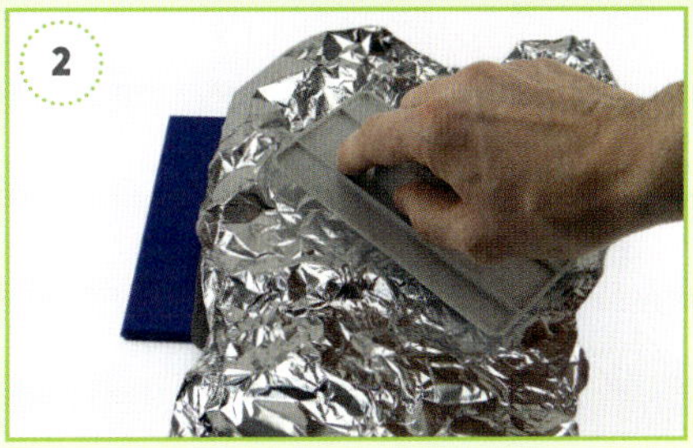

2 Die Alufolie leicht knittern, auf den Rollfondant legen und mithilfe des Glätters eine Struktur in den Rollfondant prägen.

3 Den rotbraunen Rollfondant mit dem Rollholz auf 2–3 mm Stärke ausrollen. Mit dem Ausstecher aus dem rotbraunen Rollfondant Streifen ausschneiden.

4 Die Alufolie grob knittern. Den rotbraunen Rollfondant an mehreren Stellen leicht damit eindrücken, sodass eine unregelmäßige Steinstruktur entsteht.

5 Die Streifen anschließend in etwa 6 cm lange Rechtecke schneiden. Alternativ können Sie die Rechtecke auch frei Hand mit dem Messer zurechtschneiden.

6 Die Rechtecke ca. 30 Minuten an der Luft trocknen lassen, damit sie sich beim Ankleben nicht verformen. Anschließend mit wenigen Tropfen essbarem Kleber oder Garniergelee (Piping Gel) als Mauersteine versetzt auf den grauen Rollfondant kleben. Dabei zwischen den Steinen etwas Abstand lassen, damit die Fugen aus grauem Rollfondant zu sehen sind.

Hinweis: Soll die ganze Torte eine Steinmauer-Optik bekommen, die Torte erst grau eindecken und die „Steine" anschließend ankleben. Damit sich diese noch gut um die Torte legen lassen, in diesem Fall nur 15 Minuten trocknen lassen. Schön wirkt es, wenn z. B. Das Cakeboard in Steinmauer-Optik gestaltet wird und die Torte dann quasi auf der Mauer steht.
Für Anfänger ist dies leichter, da die „Steine" hierbei nicht an der Vertikalen geklebt und an der Kante gebogen werden müssen.

KOPFSTEINPFLASTER

Rollfondant in Weiß, Grau und Schwarz, je 150 g ★ Glätter ★ Alufolie, Rest Puderfarbe in Weiß und Schwarz, optional ★ Lebensmittellack, optional

1 Die drei Rollfondantstücke leicht miteinander verkneten, sodass eine Marmorierung entsteht.

2 Aus dem Rollfondant haselnussgroße Kugeln formen; etwas unterschiedliche Größen und Formen lassen das fertige Kopfsteinpflaster echter wirken.

3 Die Kugeln mit kleinen Abständen mit essbarem Kleber oder Garniergelee auf die gewünschte Oberfläche (Torte, Cakeboard etc.) kleben. Unregelmäßige Abstände lassen das fertige Pflaster authentisch aussehen.

4 Die Kugeln mit dem Glätter (Polierklinge) flach drücken, bis eine zusammenhängende Oberfläche mit Kopfsteinpflaster-Optik entsteht.

5 Die Alufolie knittern, auf die Oberfläche legen und mit dem Glätter darüber streichen, um eine unregelmäßige Struktur in das Pflaster zu prägen.

6 Für einen besonders echten Effekt etwas Puderfarbe und Weiß und Schwarz im Verhältnis 3:1 in einer Schale mischen und die Steine damit bepinseln. Die Oberfläche muss dazu nicht gefettet werden.

7 Für einen Nässe-Effekt das Kopfsteinpflaster mit Lebensmittellack besprühen (Sprühtechnik siehe Seite 82).

HOLZ

Die Holzmaserung entsteht, indem hellbrauner Rollfondant mit Esspapier abgedeckt und anschließend ausgerollt wird.

Rollfondant in Hellbraun, Menge je nach Tortengröße (siehe Seite 59) • Bäckerstärke
1–3 Blatt Esspapier in Weiß, A4 • 5–10 ml Wasser • Rollholz • flacher Pinsel

1 Die Arbeitsfläche mit Bäckerstärke bestäuben und den Rollfondant mit dem Rollholz auf 5 mm Stärke ausrollen.

2 Den Rollfondant mit etwas Wasser befeuchten und mit Esspapier abdecken.

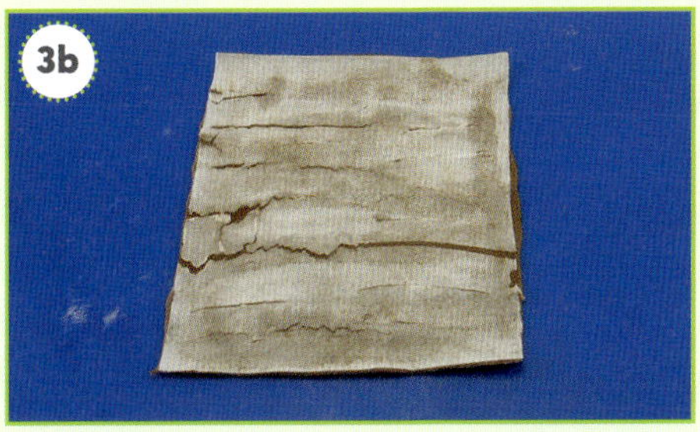

3 Esspapier und Rollfondant mit dem Rollholz sofort auf 2 mm Stärke ausrollen. Durch den Druck des Rollholzes reißt das Esspapier an manchen Stellen auf, wodurch die Maserung des Holzes entsteht. Immer in dieselbe Richtung rollen, so entsteht eine gleichmäßige Maserung. Je häufiger Sie mit dem Rollholz über Esspapier und Rollfondant rollen, desto mehr Risse entstehen und desto feiner wird die Maserung.

4 Zum Schluss nach Wunsch den Rollfondant mit dem Esspapier in „Holzplanken" schneiden und diese um oder an die Torte kleben.

Nach Vorlage arbeiten

Besorgen Sie sich im Baumarkt Materialien wie Holzbretter, Marmor oder andere Steine, die Sie als Vorlage für Ihre Rollfondantoberflächen verwenden können. Auch in der Natur finden Sie reichlich Anregungen für die Gestaltung natürlicher Oberflächen.

Motive ausstechen

AUSSTECHER UND MOTIVSTANZEN

Ausstecher und Motivstanzen (Plunger Cutter) gibt es aus Metall und Kunststoff. Die Bandbreite an Motiven reicht von Sternen und Herzen über Blüten und Blätter bis hin zu verschiedenen Tieren. Plunger Cutter haben einen Auswerfer, der meist in einem Arbeitsschritt beim Herausdrücken das Motiv gleich prägt. Daher ist es wichtig, dass der Rollfondant beim Ausstechen nicht an der Arbeitsfläche klebt und sich erst beim Herausdrücken aus der Form löst. Wenn möglich, erledigen Sie das Herausdrücken und das Befestigen des Motivs mit essbarem Kleber an der Torte in einem Arbeitsschritt.

Mit dem Plunger Cutter arbeiten

1 Den Rollfondant ausrollen. Die Arbeitsfläche leicht mit Bäckerstärke bestäuben und den ausgerollten Rollfondant darauflegen.

2 Den Ausstecher fest in den Rollfondant drücken.

3 Den Ausstecher etwas im Kreis bewegen oder leicht drehen. So können Sie sicher sein, dass das Motiv nicht an der Arbeitsfläche klebt und in der Form hängen bleibt.

4 Den Ausstecher abheben und das Motiv vorsichtig aus der Form drücken.

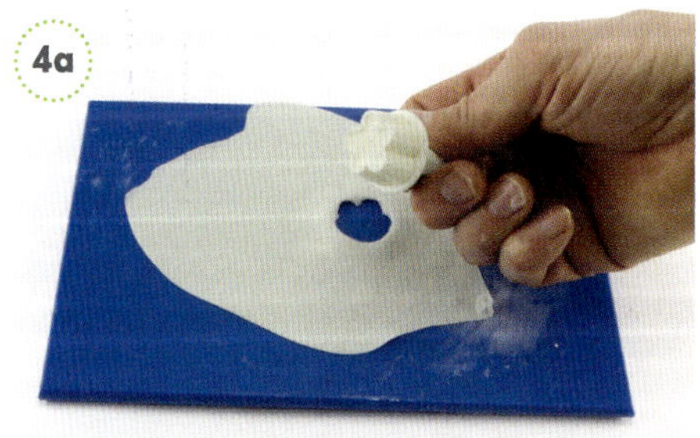

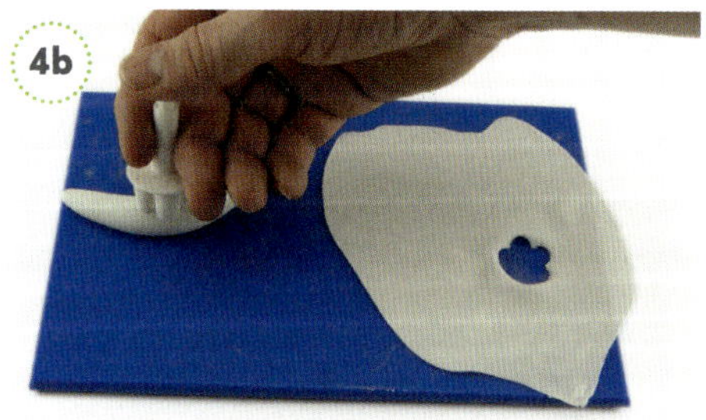

GEOMETRISCHE FORMEN

Geometrische Formen wie Dreiecke, Quadrate, Sechsecke, Rauten oder sogar Puzzleteile können Sie ganz einfach mit Schablonen oder Cuttern aus Rollfondant, aber auch aus Flowerpaste oder Modellierschokolade ausstechen. Die Massen sollten komplett aushärten, damit die geometrischen Formen sich beim Anheben nicht verziehen. Verwenden Sie beim Rollfondant ein Premiumprodukt mit CMC.

Rollfondant in Farbe nach Wunsch, alternativ Flowerpaste oder Modellierschokolade • Rollholz • Bäckerstärke zum Ausrollen geometrischer Multicutter, optional • Ausstecher, z. B. „Herz", optional • Puderfarbe in Farbe nach Wunsch, optional • essbarer Kleber

1 Die Masse mit dem Rollholz ausrollen.

2 Mit dem Cutter die gewünschten Formen ausstechen. Überschüssige Masse entfernen.

3 Für einen besonderen Effekt die ausgestochene Masse mit einem anderen Ausstecher bearbeiten. Alternativ die Formen direkt verwenden.

2

3

4 Nach Wunsch mit Puderfarbe bemalen.

5 Die ausgestochenen Formen abheben und einzeln oder im Ganzen mit essbarem Kleber an der Torte anbringen.

4

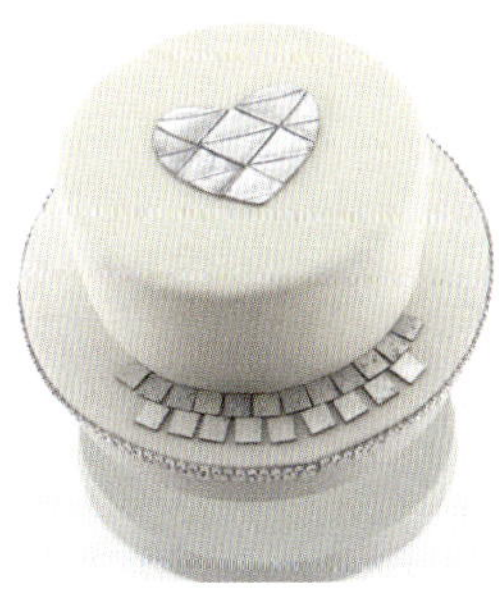

5

Formen ausschneiden

Geometrische Formen lassen sich auch ganz simpel mit Lineal und Messer oder Schneiderad ausschneiden. Dazu das Lineal auf den ausgerollten Rollfondant legen und das gewünschte Muster mit einem Lebensmittelstift aufzeichnen. Anschließend mit dem Messer oder Schneiderad ausschneiden.

ZAHLEN UND BUCHSTABEN

Zum Ausstechen von Zahlen und Buchstaben gibt es Ausstecher aus Metall und Kunststoff sowie ein sogenanntes Klicksystem aus Kunststoff mit Auswerfer. Im Fachhandel sind auch entsprechende Silikonformen erhältlich. Die verschiedenen Ausstecher gibt es in unterschiedlichen Schriftarten und Größen. Sie unterscheiden sich ansonsten nur in der Handhabung.

Alternativ können Sie natürlich auch vorhandene Plätzchenausstecher verwenden. Sehr große Buchstaben oder Zahlen schneiden Sie am besten nach Vorlage mit dem Messer oder Schneiderad aus. Dazu empfiehlt es sich, die Motive am Computer in der gewünschten Schriftart und Schriftgröße auszudrucken und die Vorlage auszuschneiden. Die Vorlage auf den Rollfondant legen und rundherum mit dem Messer oder Schneiderad ausschneiden.

Rollfondant in Farbe nach Wunsch * Rollholz * Bäckerstärke zum Ausrollen * Buchstaben- oder Zahlenausstecher * Rollholz * Pinsel oder Schreibnadel zum Auslösen, optional

1 Die Arbeitsfläche mit Bäckerstärke bestäuben und den Rollfondant mit dem Rollholz papierdünn (siehe Kasten „Standfeste Motive") ausrollen.

2 Mit dem Ausstecher den gewünschten Buchstaben oder die gewünschte Zahl ausstechen. Anschließend den Ausstecher gedrückt halten und leicht über die Arbeitsfläche kreisen, um sicherzugehen, dass der Rollfondant nicht anklebt.

3 Den Ausstecher anheben und von unten über die Ränder des Ausstechers streichen, um überschüssigen Rollfondant zu entfernen.

4 Den Rollfondant, wenn nötig, mit dem Pinsel oder der Nadel aus der Form lösen.

Standfeste Motive

Wenn die Zahlen oder Buchstaben auf die Torte gelegt werden sollen, können sie direkt verarbeitet werden. Sollen sie jedoch stehen, empfiehlt es sich, den Rollfondant nicht ganz so dünn auszurollen und die Zahlen oder Buchstaben über Nacht trocknen zu lassen.

2

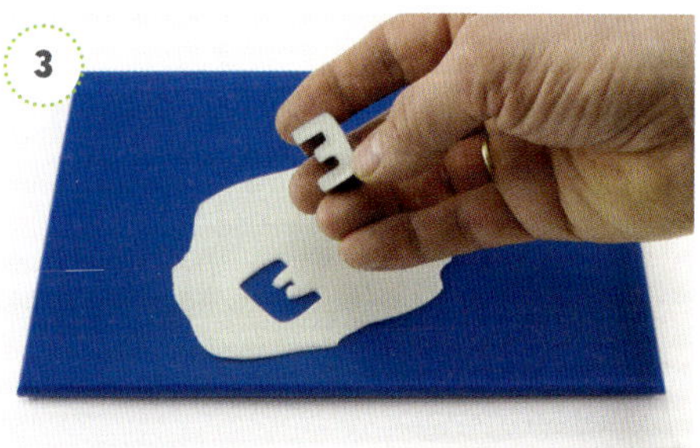

3

4a

4b

Girlanden, Bordüren und Schleifen

Girlanden und Bordüren aus Rollfondant verleihen einer Torte eine festliche Optik und sind ganz einfach und ohne Spezialwerkzeug herzustellen.

EINFACHE GIRLANDE

Rollfondant in Farbe nach Wunsch • Rollholz • 3 Lollistiele
Bäckerstärke zum Ausrollen • Schneiderad oder Messer

1 Die Arbeitsfläche mit Bäckerstärke bestäuben und den Rollfondant mit dem Rollholz papierdünn ausrollen.

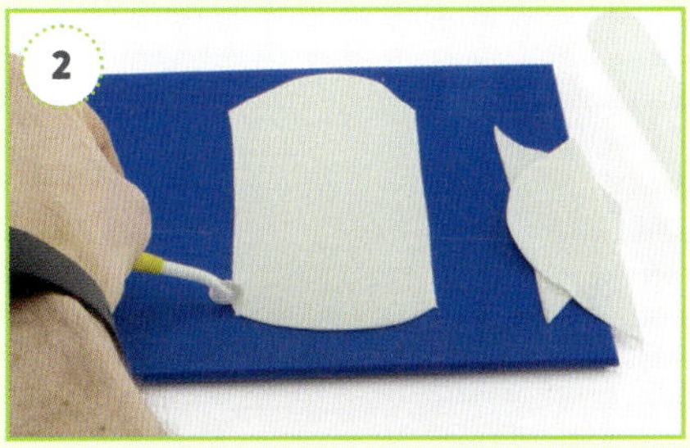

2 Mit Schneiderad oder Messer ein Rechteck entsprechend der Länge der fertigen Girlande zuschneiden.

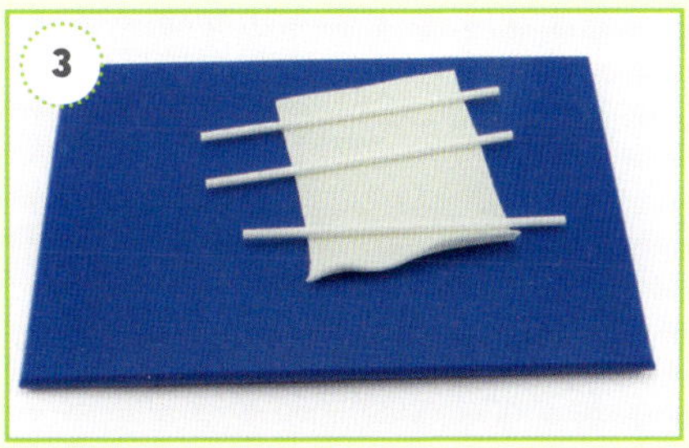

3 Für die Modellierung des Faltenwurfs die Lollistiele an den beiden kurzen Enden und in der Mitte auf den Rollfondant legen.

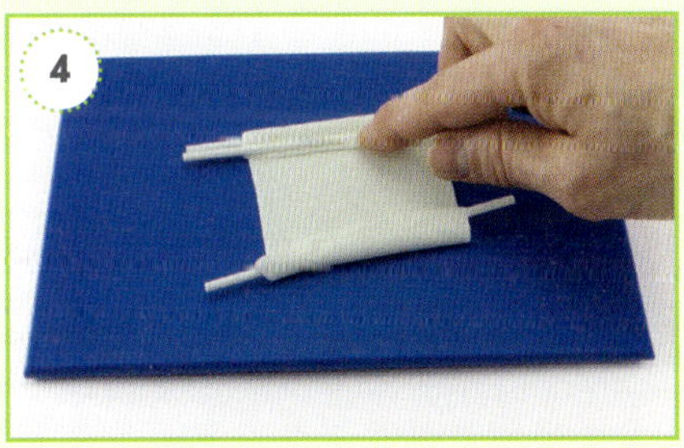

4 Die beiden kurzen Seiten des Rollfondantrechtecks über die Lollistiele klappen und mit dem noch freien Stiel leicht andrücken; die Stiele sollten sich noch bewegen lassen.

5 Den Fondant wenden, dabei den freien Lollistiele darunter in die Mitte legen. Den Stiel in der Mitte fassen und den Rollfondant mit den Fingern zusammenschieben.

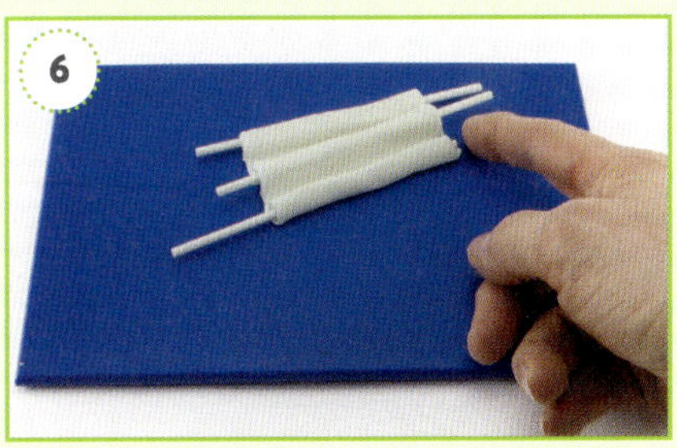

6 Die Lolliestiele entfernen.

7 Die Girlande an den Enden zusammendrücken und in Form bringen. Auf der Rückseite mit essbarem Kleber oder Wasser bepinseln und an der Torte befestigen.

Schöne Übergänge

Wenn Sie mehrere Girlanden nebeneinander platzieren, brauchen Sie einen schönen Übergang. Dazu einfach eine kurze Girlande modellieren und senkrecht auf der Schnittstelle anbringen. Bei Blütengirlanden können Sie auch eine Blüte auf die Schnittstelle kleben.

BLÜTENGIRLANDE

Rollfondant in Farbe nach Wunsch * Bäckerstärke * Rollholz * „Ausstecher" „Blüte" * farblich passende Perlen * essbarer Kleber

1 Ein Stück Rollfondant in der Länge der fertigen Girlande bananenförmig rollen.

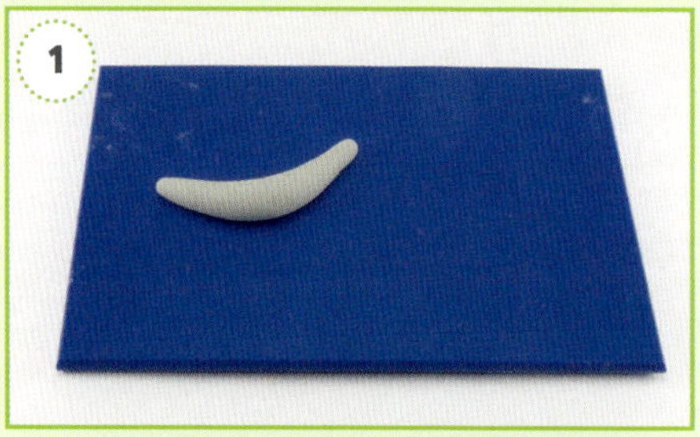

2 Die Arbeitsfläche mit Bäckerstärke bestäuben und den Rollfondant papierdünn ausrollen.

3 Den Ausstecher fest in den Rollfondant drücken.

4 Den Ausstecher etwas im Kreis bewegen oder leicht drehen, damit das Motiv nicht an der Arbeitsfläche klebt und in der Form hängen bleibt.

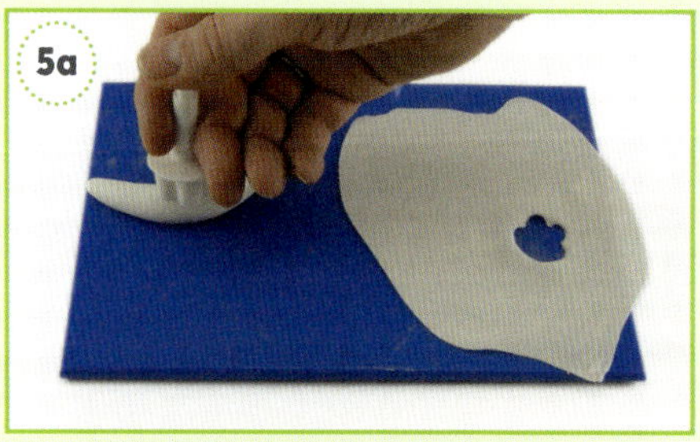

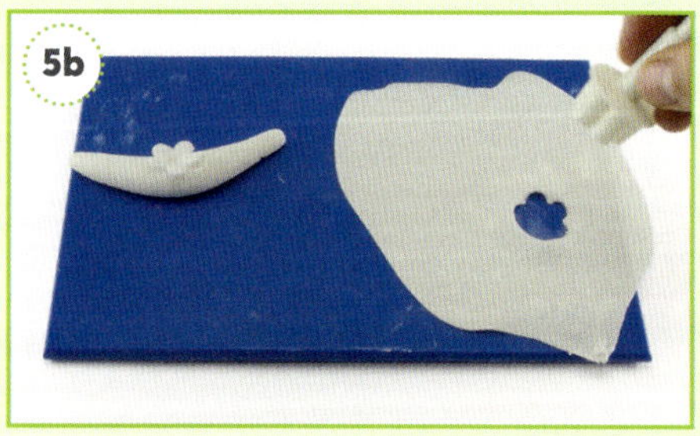

5 Den Ausstecher abheben, etwas essbaren Kleber oder Wasser auf das Motiv auftragen und das Motiv vorsichtig aus der Form auf die Girlande drücken.

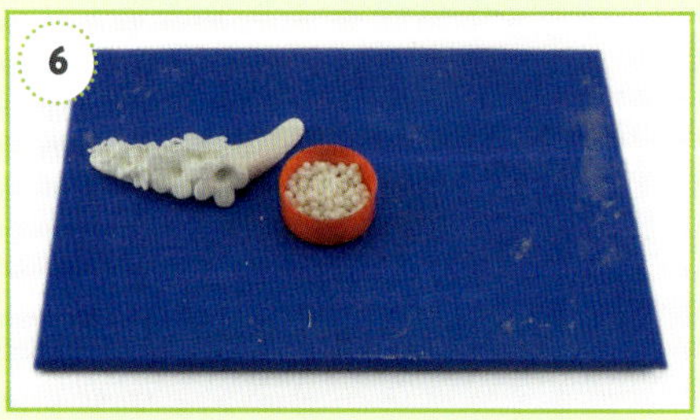

6 Schritt 3 und 4 wiederholen, bis die Girlande mit Blüten bedeckt ist.

7 Zum Schluss Perlen in die Blütenmitten drücken. Die Girlande ca. 1 Stunde trocknen lassen. Danach auf der Rückseite mit essbarem Kleber oder Wasser bepinseln und an der Torte befestigen.

RÜSCHENBORDÜRE

Rollfondant in Farbe nach Wunsch • Bäckerstärke • Rollholz
Garrett Frill • Modellierkegel • essbarer Kleber

1 Die Arbeitsfläche mit Bäckerstärke bestäuben und den Rollfondant mit dem Rollholz papierdünn ausrollen.

2 Mit dem Garrett Frill Blütenkreise ausstechen.

3 Für die Rüschen mit dem Modellierkegel vorsichtig rundherum die Ränder ausdünnen, dabei das Tool am Rand ansetzen und nur am Übergang zwischen Kopf und Stab den Druck ausüben, ansonsten kann der Rollfondant reißen.

4 Den Blütenkreis an einer Stelle aufschneiden und vorsichtig auseinanderziehen, …

5 … sodass eine Bordüre entsteht.

6 Für mehrlagige Bordüren 2–3 Blütenkreise aufschneiden, aufeinanderlegen und anschließend auseinanderziehen.

7 Die Girlande auf der Rückseite mit essbarem Kleber oder Wasser bepinseln und an der Torte befestigen.

8 Die Bordüre nach Belieben mit einer kleinen Perlengirlande und einer kleinen Schleife kombinieren.

PERLENGIRLANDE

Rollfondant * Bäckerstärke * Silikonform „Perlenschnur"

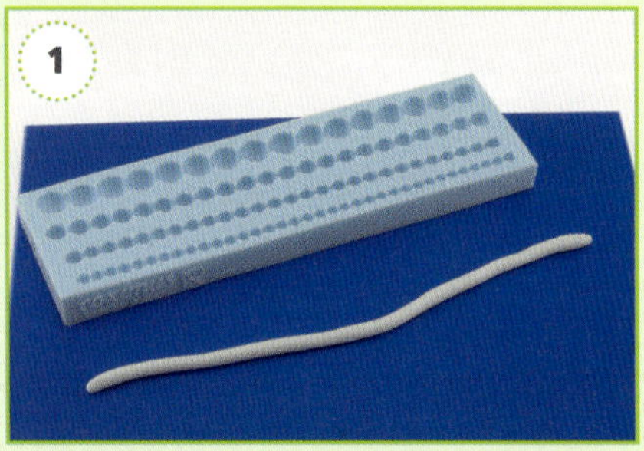

1 Rollfondant in der Stärke der gewünschten Girlande wurstförmig rollen.

2 Die Silikonform mit Bäckerstärke ausstäuben und ausklopfen.

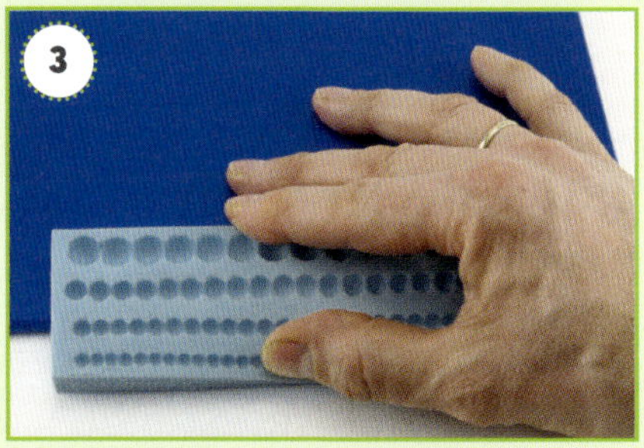

3 Die Silikonform an einer Kante leicht aufbiegen …

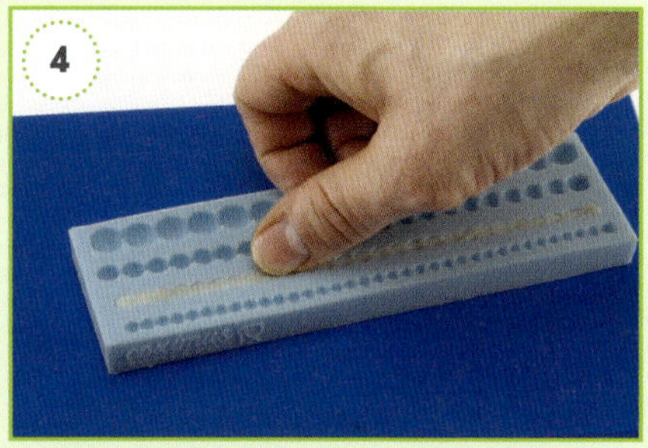

4 … und die Rollfondantwurst hineindrücken. Lieber etwas weniger Rollfondant in die Form drücken; es ist einfacher, Lücken mit etwas Rollfondant zu füllen, als überschüssigen Rollfondant wieder zu entfernen.

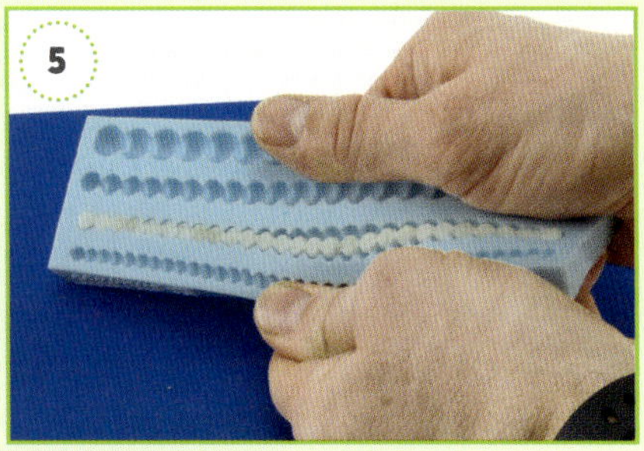

5 Die Form leicht auseinanderziehen, …

6 wenden und die Girlande vorsichtig aus der Form lösen.

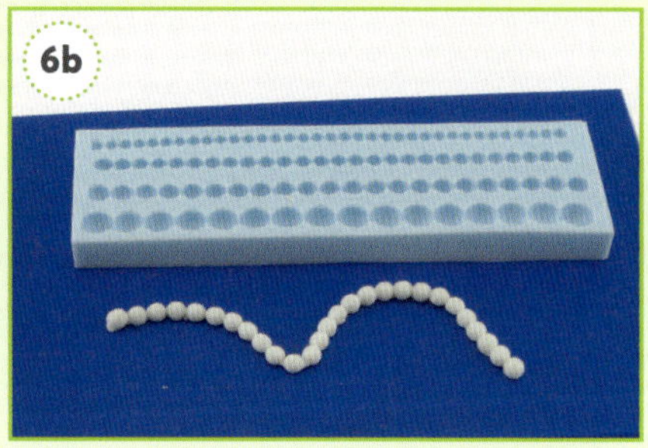

7 Die Perlengirlande auf der Rückseite mit essbarem Kleber oder Wasser bepinseln und an der Torte befestigen. Sie können die Girlande auch mit einer Rüschenbordüre kombinieren (siehe Seite 113).

SCHLEIFEN

Schleifen frei Hand zu schneiden und die Einzelteile zusammenzubringen, ist für Rollfondanteinsteiger sehr anspruchsvoll. Einfacher ist es, sie mithilfe eines Ausstechers oder einer Silikonform herzustellen. Mit dem Schleifenausstecher stechen Sie die Einzelteile passgenau aus und kleben sie anschließend zusammen. Noch einfacher ist die Arbeit mit der Silikonform: einfach Rollfondant hineindrücken und wieder herauslösen.

Mit dem Schleifenausstecher arbeiten

Rollfondant in Farbe nach Wunsch • Rollholz • Bäckerstärke
Ausstecher „Schleife" • Schreibnadel • Pinsel
2 g weißes Fett (z. B. Kokosfett) für das Foampad

1 Das Foampad fetten und den Rollfondant mit dem Rollholz papierdünn ausrollen.

2 Den Schleifenausstecher mit Bäckerstärke ausstäuben und ausklopfen.

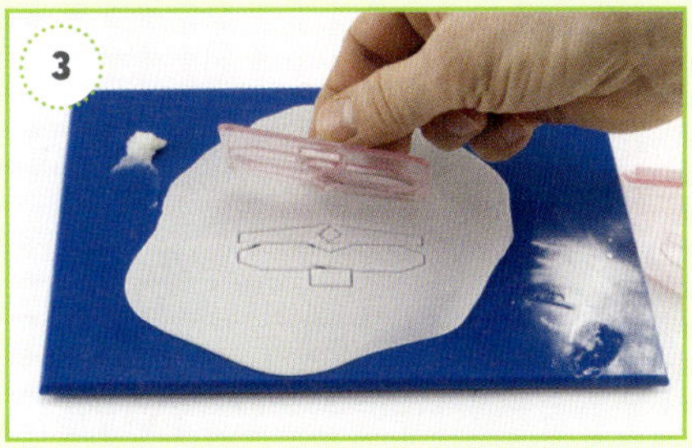

3 Mit dem Ausstecher die Schleifenteile ausstechen.

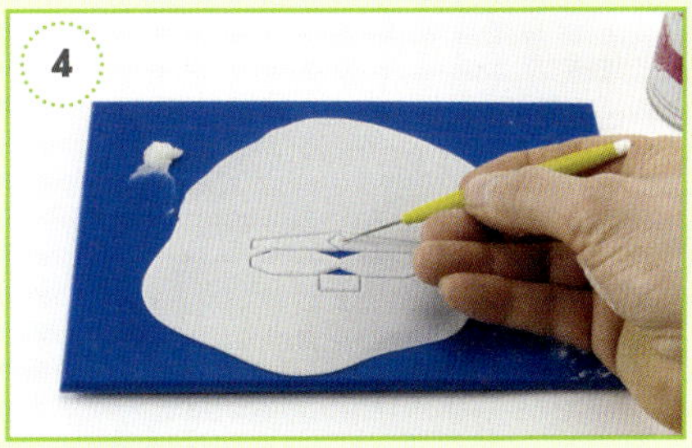

4 Die beiden dreieckigen und das viereckige Füllteil mit der Schreibnadel entfernen.

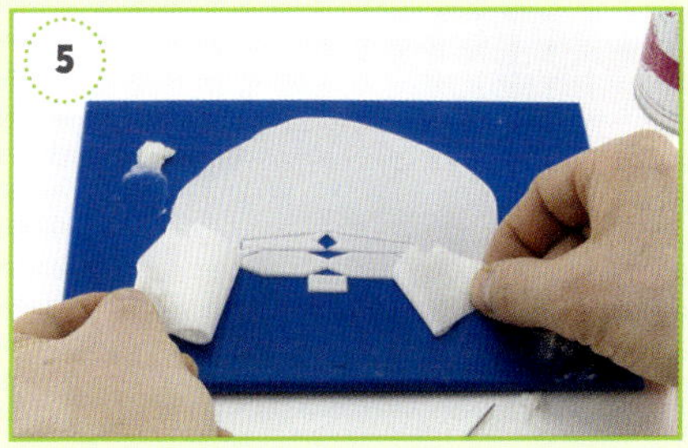

5 Den überschüssigen Rollfondant entfernen.

6 Das Schleifenteil wenden und mit einem Pinsel etwas Wasser auf die Mitte geben.

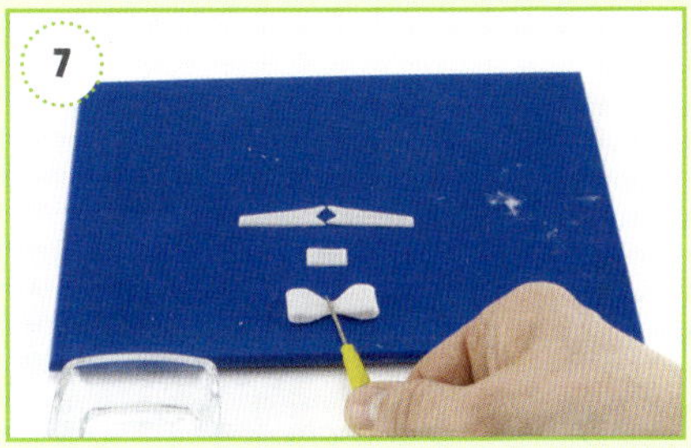

7 Mit der Schreibnadel die beiden Schleifenenden in die Mitte legen und festkleben.

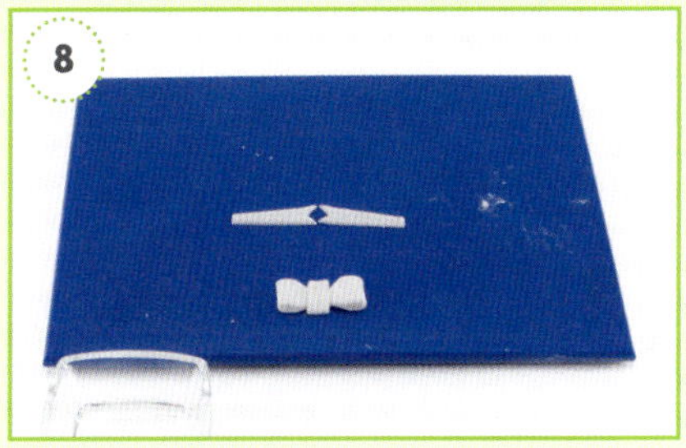

8 Den rechteckigen Mittelteil der Schleife wenden, mit etwas Wasser bepinseln und in der Schleifenmitte festkleben.

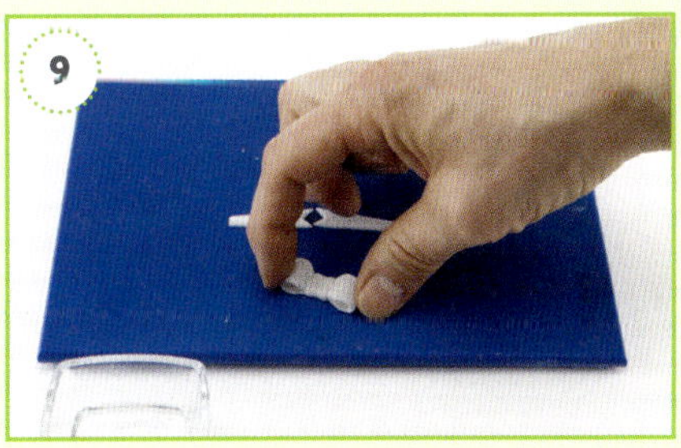

9 Die Schleife mit den Fingern in Form drücken.

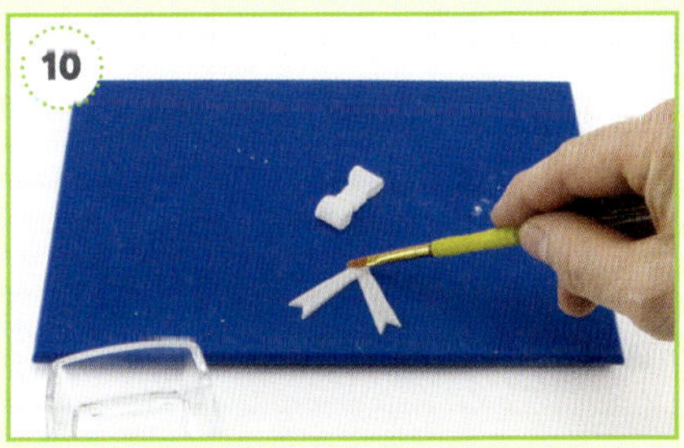

10 Die beiden Schleifenenden oben mit etwas Wasser befeuchten, aufeinanderlegen ...

11 ... und auf der Rückseite der Schleife befestigen. Die Schleife zum Schluss auf der Rückseite mit essbarem Kleber oder Wasser bepinseln und an der Torte befestigen.

Mit der Silikonform arbeiten

Rollfondant in Farbe nach Wunsch * Bäckerstärke
Silikonform „Schleife" * Schere

1 Die Silikonform mit Bäckerstärke ausstäuben. Überschüssige Bäckerstärke ausklopfen.

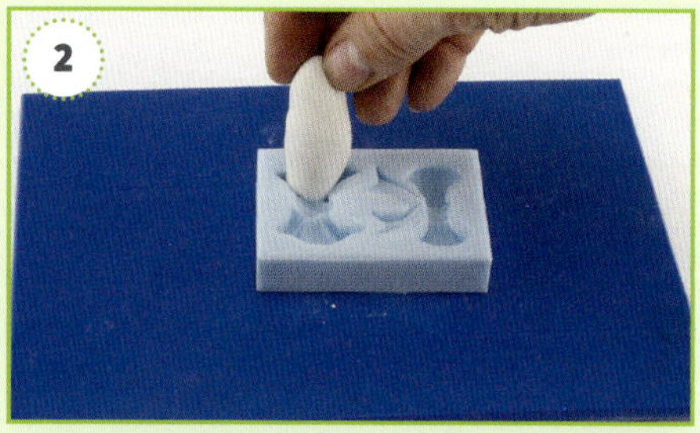

2 Ein Stück Rollfondant wurstförmig rollen, dabei Länge und Breite an die Silikonform anpassen.

3 Den Rollfondant in die Form drücken und gut bis in die Ecken verteilen.

4 Falls nötig, überschüssigen Rollfondant mit der Schere abschneiden.

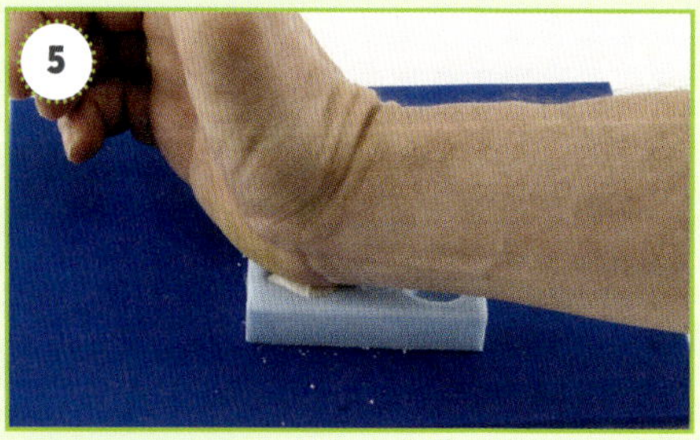

5 Den Rollfondant noch einmal nachdrücken. Es sollten vor dem Auslösen alle Kanten der Form gut zu sehen sein.

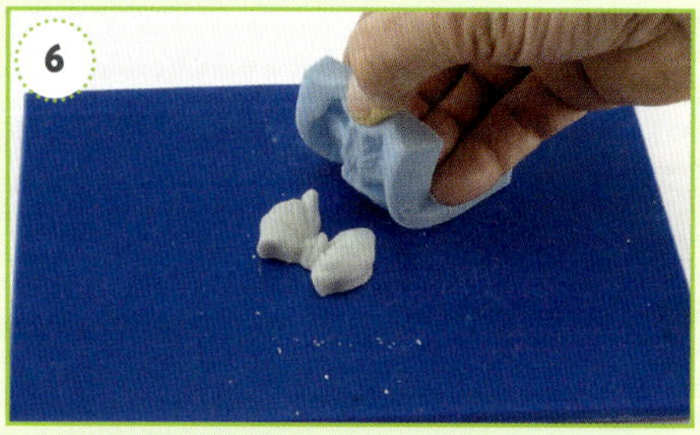

6 Die Form wenden und die Schleife aus der Form lösen.

FLECHTSCHNÜRE

Schnüre oder Zöpfe werden mit dem Extruder (Sugar Gun) hergestellt. Dazu wird der Rollfondant gerollt und in die Fondantpresse gedrückt. Mithilfe verschiedener Aufsätze, die einfach aufgeschraubt bzw. eingelegt werden, lässt sich der Rollfondant in unterschiedlich geformte Schnüre pressen und anschließend weiterverarbeiten.

Rollfondant in Farbe nach Wunsch * Extruder (Sugar Gun)
Kokosfett, optional

Tipp: Reiben Sie die Rollfondantwurst dünn mit Kokosfett o. Ä. ein, dann lässt er sich später leichter aus dem Extruder pressen.

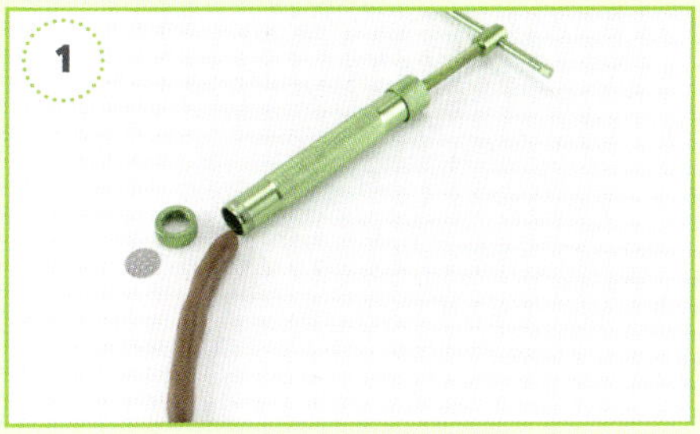

1 Ein Stück Rollfondant wurstförmig rollen, sodass es in den Extruder passt.

2 Die Rollfondantwurst in den Extruder schieben.

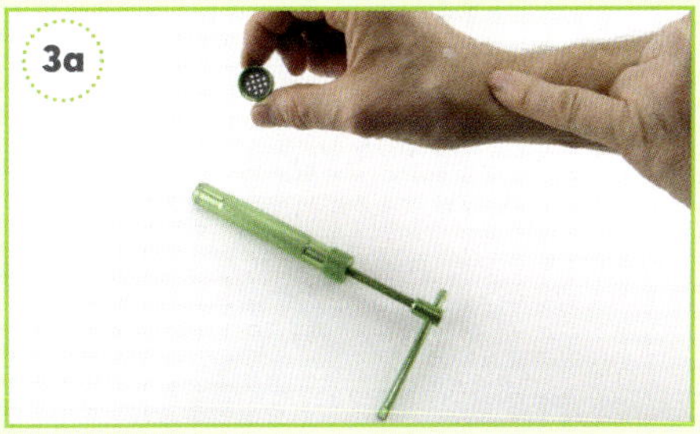

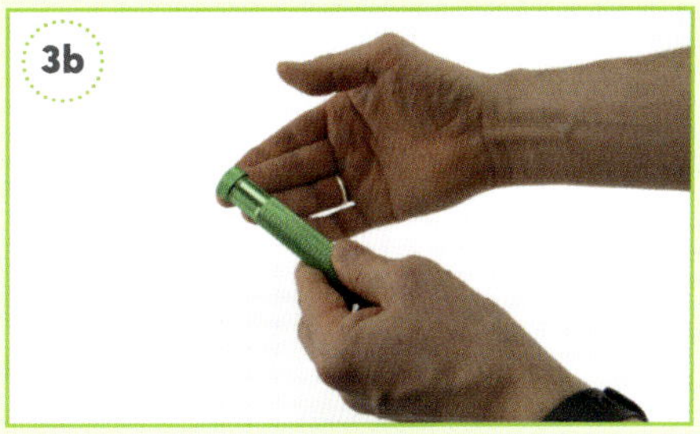

3 Die gewünschte Lochmusterscheibe einlegen.

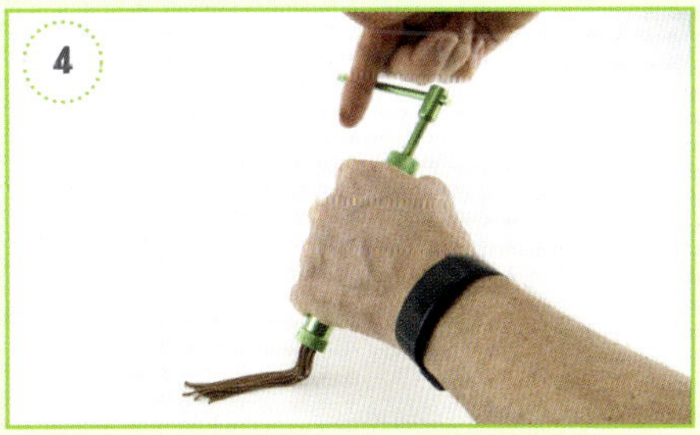

4 Den Rollfondant durch Drehen der rückwärtigen Schraube zu beliebig langen Schnüren verarbeiten.

5 Die Schnüre in sich zu Strängen verdrehen. Aus den Strängen lassen sich z. B. kleine Körbchen formen.

Figuren

Menschliche Figuren oder Tiere frei Hand zu modellieren, ist sehr anspruchsvoll und eine kreative Arbeit für Rollfondanterfahrene. Doch auch Einsteiger müssen nicht darauf verzichten, ihre Torten mit witzigen Figuren zu dekorieren. Es gibt mittlerweile zahlreiche Silikonformen, mit denen sich kleine Figuren und andere Motive im Handumdrehen formen lassen. Aber auch mit Ausstechern und Frischhaltefolie lassen sich mit wenig Aufwand plastische Motive herstellen.

FIGUREN MIT SILIKONFORMEN HERSTELLEN

1 Die Silikonform mit Bäckerstärke ausstäuben. Überschüssige Bäckerstärke ausklopfen.

2 Ein Stück Rollfondant wurstförmig rollen, dabei Länge und Breite an die Silikonform anpassen.

3 Den Rollfondant in die Form drücken und gut bis in die Ecken verteilen.

4 Falls nötig, überschüssigen Rollfondant mit der Schere abschneiden und noch einmal nachdrücken. Es sollten vor dem Auslösen alle Kanten der Form gut zu sehen sein.

5 Die Form wenden und das Motiv aus der Form lösen.

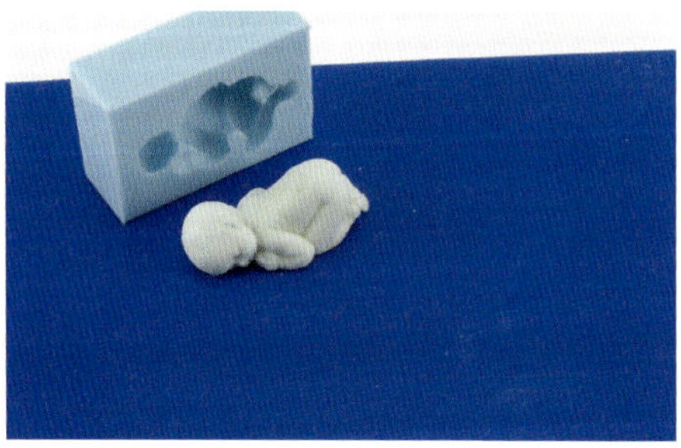

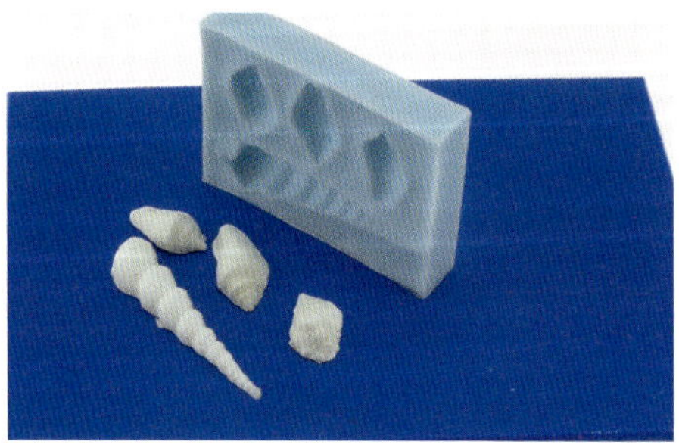

3D-MOTIVE MIT AUSSTECHERN FORMEN

Aus etwas dicker ausgerolltem Rollfondant lassen sich mit Frischhaltefolie ganz einfach plastische Motive ausstechen. Dazu wird die Folie einfach über den Rollfondant gelegt und das Motiv dann ausgestochen. Durch die Frischhaltefolie erhält die Oberfläche des Motivs eine schöne rundliche Form.

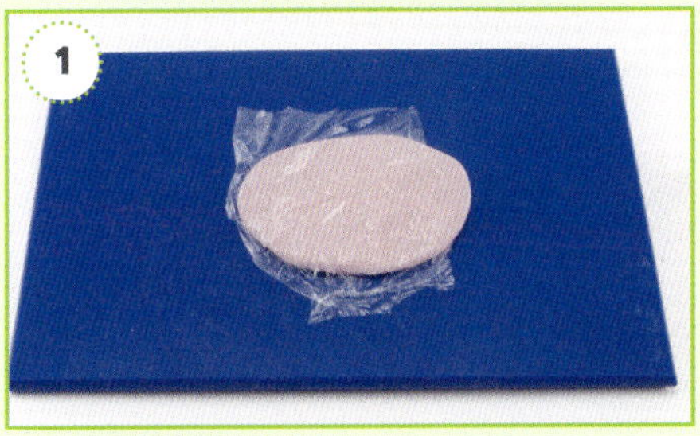

1 Die Arbeitsfläche mit Bäckerstärke bestäuben und den Rollfondant mit dem Rollholz einige Millimeter dick ausrollen.

2 Ein Stück Frischhaltefolie über den Rollfondant legen …

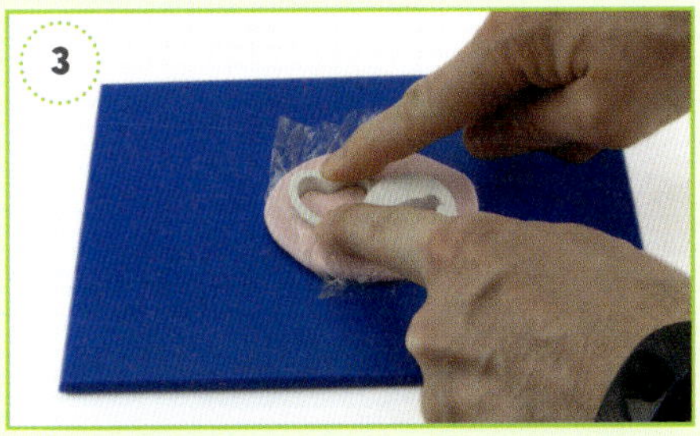

3 … und den Ausstecher durch die Folie in den Rollfondant drücken.

4 Ausstecher und Frischhaltefolie entfernen.

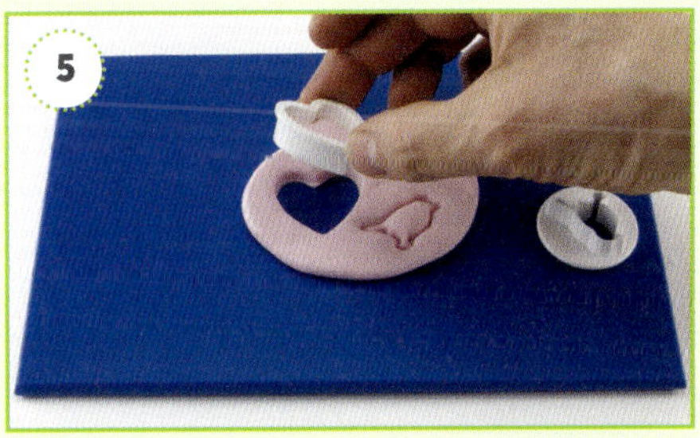

5 Das Motiv erneut ausstechen und anschließend aus der Form lösen.

6 Mit den Fingern vorsichtig nacharbeiten, damit das Motiv schön plastisch wird.

Blüten und Blätter

Blüten gehören zu den beliebtesten Dekorationselementen. Naturgetreue Blumen und Blüten lassen sich besonders gut und professionell aus Tragantzucker (Blütenpaste) modellieren. Hierfür braucht man jedoch viel Übung und Erfahrung. Aus Rollfondant können jedoch auch Einsteiger mit wenigen Hilfsmitteln im Handumdrehen verschiedene Blüten herstellen. Und auch die Verwendung von frischen Blüten ist eine gute Alternative (siehe Seite 129–131).

WERKZEUG

Mithilfe von speziellen Ausstechformen, Motivstanzen (Plunger Cutters), Silikonstempeln und Modellierwerkzeugen lassen sich aus Rollfondant zauberhafte Blüten herstellen. Damit der Rollfondant sich leichter aus der Form löst, sollten sowohl die Silikonformen als auch die Ausstecher vor der Verwendung mit Bäckerstärke bepudert werden. Je dünner der Rollfondant vor dem Ausstechen ausgerollt ist, desto feiner wirken die fertigen Blüten. Ideal ist es, den Rollfondant für Blüten papierdünn (ca. 1 mm) auszurollen.

Wer kein Profiwerkzeug zur Hand hat, kann auch mit runden Ausstechformen, Trinkgläsern oder Tüllen Formen ausstechen und zu Blüten zusammensetzen. Mit einem Herzausstecher lassen sich beispielsweise hervorragend Calla-Blüten herstellen. Einfache Blattformen können Sie mit einem Messer frei Hand zuschneiden.

Richtig ausstechen

Beim Ausstechen ist es wichtig, dass das ausgestochene Motiv nicht an der Arbeitsfläche kleben bleibt. Daher die Arbeitsfläche vor dem Ausrollen leicht mit Bäckerstärke bestäuben und den Rollfondant darauflegen. Drücken Sie den Ausstecher fest in den Rollfondant und bewegen Sie ihn anschließend etwas im Kreis. So können Sie sicher sein, dass das Motiv an der Unterseite nicht festklebt.

BLÜTEN UND BLÄTTER MODELLIEREN

Osterglocke

Rollfondant in Farbe nach Wunsch • Ausstecher „dreiblättrige Blüte/Fresie", ⌀ 35 mm • Ausstecher „fünfblättrige Blüte" • mittelgroßes Balltool • Dresdentool essbarer Kleber • Bäckerstärke zum Ausrollen

1 Die Arbeitsfläche mit Bäckerstärke bestäuben und den Rollfondant mit dem Rollholz papierdünn ausrollen.

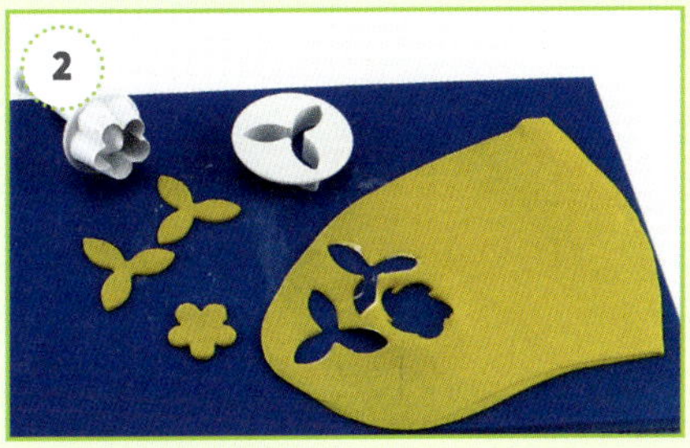

2 Mit dem Fresienausstecher zwei Dreierblütenblätter ausstechen. Anschließend eine fünfblättrige Blüte ausstechen.

3 Mit dem Balltool auf dem Foampad die Blütenränder ausdünnen.

4 Mit dem Zahnstocher Muster auf die fünfblättrige Blüte zeichnen.

5 Bei Bedarf der fünfblättrigen Blüte auf dem Foampad mit dem Balltool eine runde Form geben.

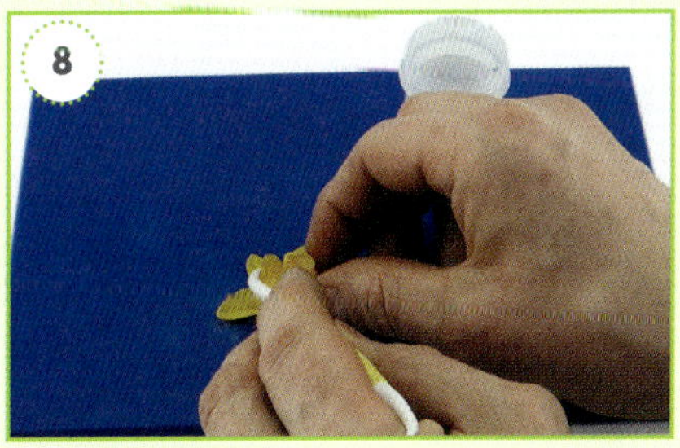

6 Die Blütenblätter der dreiblättrigen Blüten der Länge nach leicht knicken.

7 Die Blüten mit essbarem Kleber zusammenkleben.

8 Nach Wunsch noch etwas rundlich formen.

Calla

Rollfondant in Weiß und Gelb * Ausstecher „Herz" * mittelgroßes Bonetool
Maisgrieß * Puderfarbe in Gelb * essbarer Kleber * Bäckerstärke zum Ausrollen

1 Die Arbeitsfläche mit Bäckerstärke bestäuben und den weißen Rollfondant mit dem Rollholz papierdünn ausrollen.

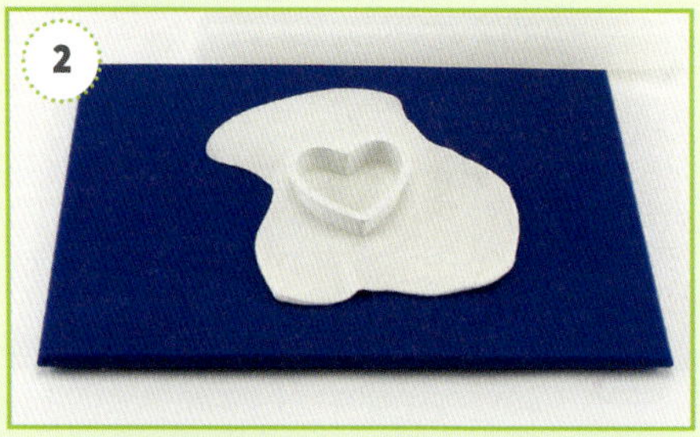

2 Mit dem Herzausstecher ein Blütenblatt ausstechen.

3 Mit dem Bonetool auf dem Foampad die Ränder ausdünnen, dazu mit der Mitte der Kugel über die Ränder fahren.

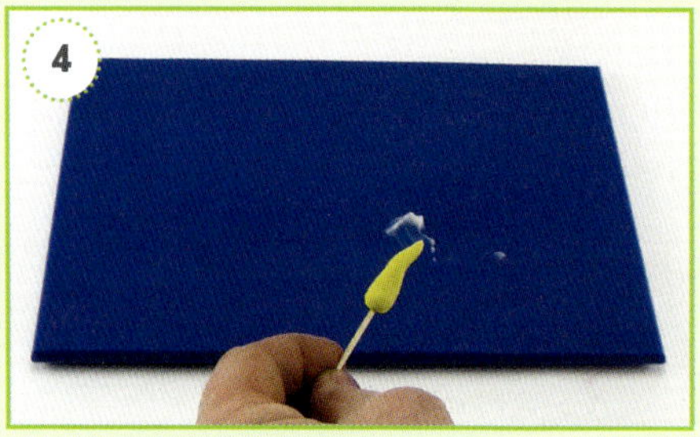

4 Aus gelbem Rollfondant einen Kegel in der Länge des Herzausstechers formen.

5 Maisgrieß und gelbe Puderfarbe in einer Schale mischen. Den Kegel mit essbarem Kleber einstreichen und leicht in der Maisgries-Puderfarbe-Mischung wälzen.

6 Das Herz an den Rundungen mit essbarem Kleber einstreichen, den Kegel als Stempel dazwischen legen und das Ganze zur Calla-Blüte formen.

Sonnenblume

Rollfondant in Gelb und Braun • Ausstecher „Sonnenblume", ø 72 mm und 60 mm • Tülle Nr. 104 (Rosenblütenblatttülle) • Dresdentool essbarer Kleber • Bäckerstärke zum Ausrollen

Tipp: Mit dem Ausstecher „Sonnenblume" können Sie auch eine Gerbera herstellen, dazu die einzelnen Blütenblätter mit einem Messer noch mal in der Mitte teilen.

1 Die Arbeitsfläche mit Bäckerstärke bestäuben und den gelben Rollfondant mit dem Rollholz papierdünn ausrollen.

2 Einen großen und einen mittleren Blütenkranz ausstechen. Die Ausstechränder glatt streichen.

3 Die Blütenkränze herausdrücken und dabei prüfen.

4 Mit der Tülle an einigen Blütenspitzen etwas Rollfondant herausstechen.

5 Die Blütenränder mit dem Dresdentool etwas ausdünnen.

6 Die Kränze mit essbarem Kleber bestreichen und versetzt übereinanderkleben.

6 Eine Kugel aus dem braunen Rollfondant formen und in die Mitte der Blüte kleben. Mit einem Zahnstocher kleine Löcher hineinstechen.

Einfache Schleifenrose

Rollfondant in Farbe nach Wunsch * Messer

1 Die Arbeitsfläche mit Bäckerstärke bestäuben und den Rollfondant mit dem Rollholz papierdünn ausrollen.

2 Mit dem Messer einen 3–4 cm breiten und ca. 15 cm langen Streifen schneiden.

3 Den Streifen der Länge nach mittig zusammenlegen. Die offenen Enden etwas zusammendrücken.

4 Ein Ende des Streifens senkrecht nach unten klappen.

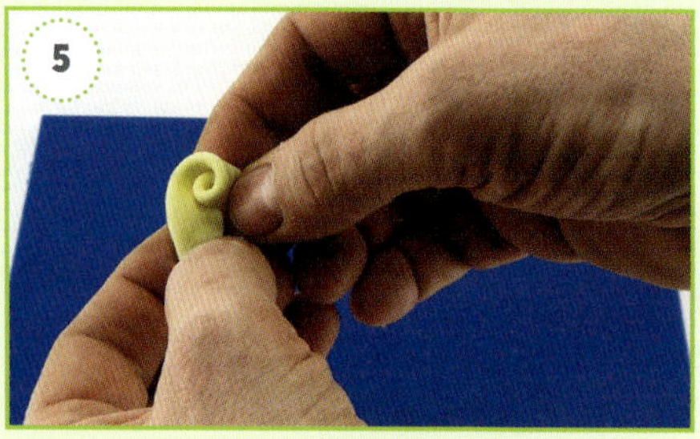

5 Den Streifen von diesem Ende aus locker aufrollen.

6 Damit die Blüte realistischer aussieht, an einer Stelle eine kleine Falte knicken.

Tipp: Geprägt oder mit Muster sehen die Blüten noch schöner aus.

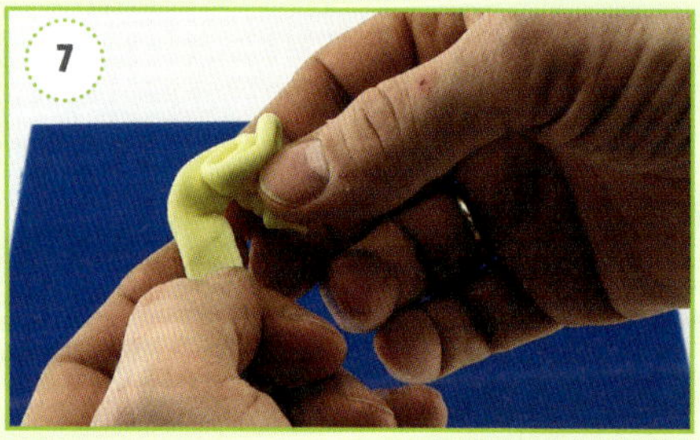

7 Den fertig aufgerollten Streifen an der Blütenbasis zusammendrücken, ggf. überstehenden Rollfondant mit dem Messer abschneiden.

8 Die Blüte mit den Fingern in Form bringen.

Kirschblüte

Alufolie, 3 cm x 3 cm • Silikon-Prägestempel „Veilchen" • Rollfondant in Weiß
Ausstecher „Veilchen" • Bäckerstärke • Alufolie, Rest

1 Die Alufolie auf eine Hälfte des Silikon-Prägestempels legen. Die andere Stempelhälfte darüberlegen und fest zusammendrücken. Überstehende Folie an die Form drücken.

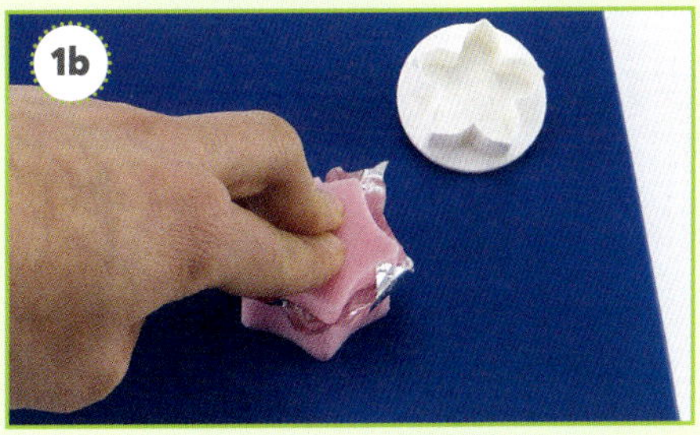

2 Den Stempel öffnen und die Aluform vorsichtig herauslösen.

3 Die Arbeitsfläche mit Bäckerstärke bestäuben und den Rollfondant mit dem Rollholz papierdünn ausrollen.

4 Mit dem Ausstecher einen Blütenkranz ausstechen.

5 Den Silikon-Prägestempel etwas mit Bäckerstärke bestäuben. Den Blütenkranz passgenau in den Silikon-Prägestempel legen…

6… und den Stempel leicht zusammendrücken, sodass eine Struktur auf die Blüte geprägt wird.

7 Die Blüte herauslösen und zum Trocknen in die Aluform legen. Ein besonders schöner Effekt wird erzielt, wenn die Blüte nach dem Trocknen in der Mitte noch mit Puderfarbe in Rosa abgepudert wird.

Veilchen

Rollfondant in Violett • Ausstecher „Veilchen" • Silikon-Prägestempel „Veilchen" • Bäckerstärke • Alufolie, Rest

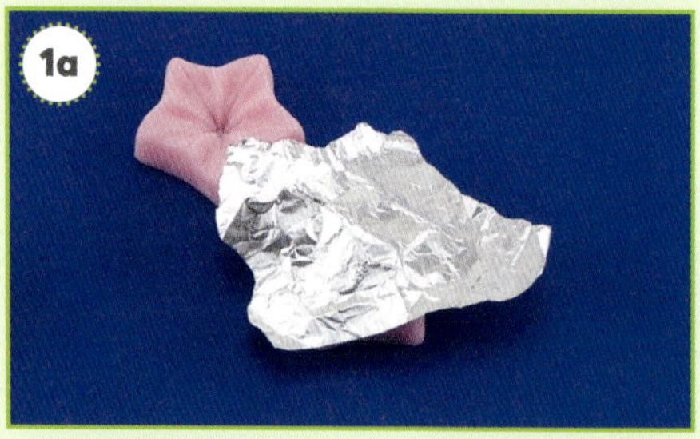

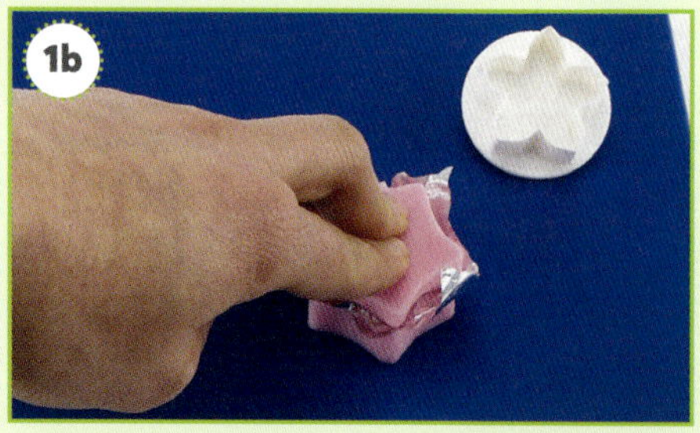

1 Die Alufolie auf eine Hälfte des Silikon-Prägestempels legen. Die andere Stempelhälfte darüberlegen und fest zusammendrücken. Überstehende Folie an die Form drücken.

2 Den Stempel öffnen und die Aluform vorsichtig herauslösen.

3 Die Arbeitsfläche mit Bäckerstärke bestäuben und den Rollfondant mit dem Rollholz papierdünn ausrollen.

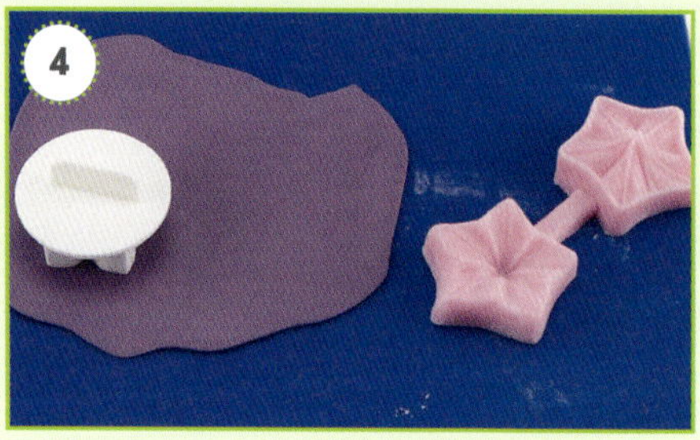

4 Mit dem Ausstecher einen Blütenkranz ausstechen.

5 Den Silikon-Prägestempel etwas mit Bäckerstärke bestäuben. Den Blütenkranz passgenau in den Silikon-Prägestempel legen und den Stempel leicht zusammendrücken, sodass eine Struktur auf die Blüte geprägt wird.

6 Die Blüte herauslösen und zum Trocknen in die Aluform legen.

7 Ein besonders schöner Effekt wird erzielt, wenn die Blüte nach dem Trocknen in der Mitte noch mit Puderfarbe in Lila abgepudert wird.

Nicht zu viel pudern!

Bei der Arbeit mit dunklen Rollfondantfarben wie etwa Violett, Braun oder Schwarz empfiehlt es sich, nicht mit zu viel Bäckerstärke zu arbeiten. Denn die helle Bäckerstärke hinterlässt sichtbare Spuren auf der Rollfondantoberfläche.

Efeu

Rollfondant in 2–3 verschiedenen Grüntönen ⋆ Plunger Cutter „Efeu"
Bäckerstärke ⋆ essbarer Kleber ⋆ Alufolie, Rest

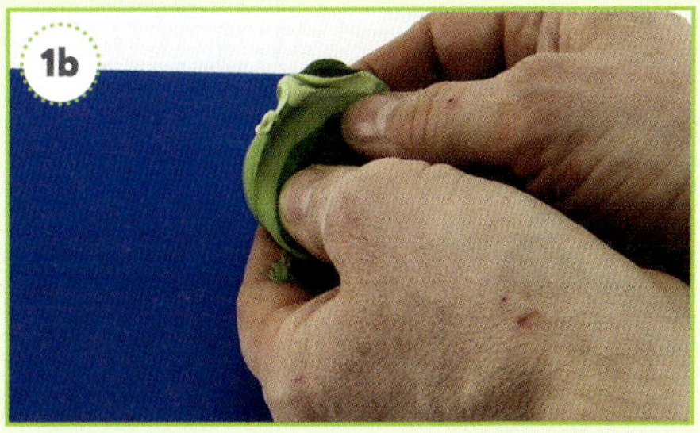

1 Je ein Stück Rollfondant von jedem Grünton zurechtschneiden und die drei Stücke miteinander verkneten, sodass eine Marmorierung entsteht.

2 Die Arbeitsfläche mit Bäckerstärke bestäuben und den Rollfondant mit dem Rollholz papierdünn ausrollen.

3 Die Efeublätter mit dem Plunger Cutter ausstechen und die Blattadern beim Herausdrücken mit dem Prägestempel prägen.

4 Die Blattränder mit dem Balltool auf dem Foampad ausdünnen.

5 Die Blätter auf leicht zerknitterter Alufolie ca. 1 Stunde trocknen lassen.

6 Aus Rollfondant eine dünne Schnur als Ranke formen und die Blätter mit essbarem Kleber ankleben.

Stechpalme (Ilex)

Rollfondant in Dunkelgrün, alternativ Rollfondant in Weiß mit Pastenfarbe „Christmas Green" einfärben ⋆ Rollfondant in Dunkelrot
Plunger Cutter „Stechpalme" ⋆ Alufolie, Rest

1 Die Arbeitsfläche mit Bäckerstärke bestäuben und den grünen Rollfondant mit dem Rollholz papierdünn ausrollen.

2 Die Ilex-Blätter mit dem Plunger Cutter ausstechen und die Blattadern beim Herausdrücken mit dem Prägestempel prägen.

3 Für die Beeren aus rotem Rollfondant kleine Kügelchen formen und beim Dekorieren in Gruppen an die Blätter drücken. Stechen Sie mit einem Zahnstocher kleine Löcher in die Mitte der roten Kugeln, die Beeren sehen dadurch realistischer aus.

4 Die Blätter auf Alufolie in der gewünschten Form mindestens 1 Stunde trocknen lassen.

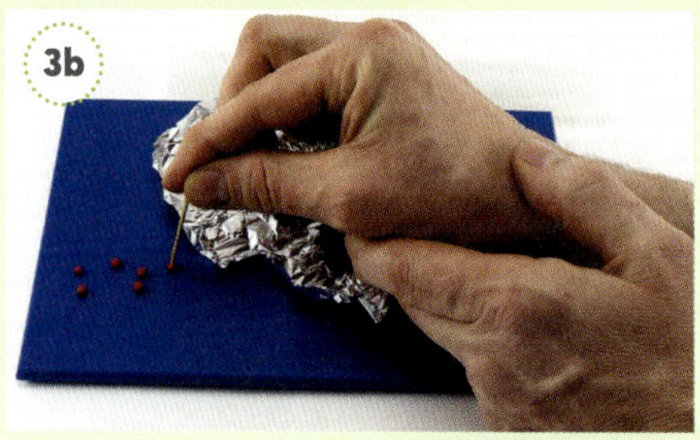

5 Zum Schluss die Blätter für etwas Glanz nach Wunsch mit Lebensmittellack besprühen.

Fertige Blumenbouquets

Wenn es mal schnell gehen muss, können Sie auch im Handel erhältliche fertige Blumenbouquets aus Blütenpaste verwenden.

DEKORATION AUS FRISCHEN BLUMEN

Wenn Sie mit frischen Blumen arbeiten möchten, sollten Sie darauf achten, dass die Blüten essbar und nicht giftig sind (siehe Seite 128). Herkömmliche Blumen aus dem Blumenladen oder vom Markt eignen sich allerdings nicht zur Weiterverarbeitung in der Backstube, da sie häufig zum Schutz vor Insekten oder für den Transport aus dem Ausland mit Pestiziden behandelt worden sind. Verwenden Sie am besten Blüten aus dem eigenen Garten oder vom Balkon, die nicht gespritzt wurden. Geerntet werden die Blüten am besten morgens, wenn der nächtliche Tau getrocknet ist und die Blüten noch nicht in der prallen Sonne stehen. Dann sind die Aromastoffe der Pflanze am intensivsten. Manche Gemüsegeschäfte oder Blumenfachhändler bieten mittlerweile aber auch essbare Blüten an. Diese müssen jedoch eindeutig für den menschlichen Verzehr bestimmt und auch entsprechend gekennzeichnet sein. Prüfen Sie alle Blüten beim Kauf und vor der Verarbeitung auf Insekten und Schädlinge und entfernen Sie vorsichtig Stempel, Staubgefäße und alle grünen Pflanzenteile (wichtig für Allergiker).

Tipp: Eine gute Alternative zu frischen Blumen sind echt aussehende Seidenblumen. Achten Sie jedoch auf eine gute Qualität. Die Blumen sollten nicht nach Chemie riechen. Saubere Seidenblumen einfach auf den Kuchen legen oder in Flower Pics in den Kuchen stecken.

Blumen in die Torte stecken

Echte Blumen dürfen nie direkt in die Torte gesteckt werden. Verwenden Sie hierfür am besten Flower Pics. Diese Blumenröhrchen bestehen aus lebensmittelechtem Kunststoff. Sie sind in unterschiedlichen Größen im Backzubehörhandel erhältlich.

1 Flower Pic an gewünschter Stelle in die Torte stecken. Alternativ und etwas kostengünstiger können Sie auch etwas Alufolie verwenden, um die vorbereiteten Blumen in die Torte zu stecken.

2 Blütenstiel auf die passende Länge kürzen und in das Flower Pic stecken.

1 Alternativ ein Stück Küchenpapier befeuchten und zusammen mit einem Stück Alufolie fest um den Blütenstiel wickeln.

2 Den Blütenstiel mit der Alufolie direkt in die Torte stecken.

Essbare Blüten

Pflanzenname	Besonders zum Kandieren geeignet	Anmerkung
Apfelblüte		
Anis		
Begonie	×	nur in kleinen Mengen verzehren
Borretsch	×	
Brautmyrte	×	nur die Blütenblätter verwenden
Chrysanthemen		
Dahlie	×	etwas säuerlich im Geschmack
Fenchel		
Gänseblümchen	×	
Gladiole		
Jasmin		
Kapuzinerkresse		sehr guter Geschmack
Kornblume	×	
Lavendel		
Löwenzahn		
Malve		vorzüglicher Geschmack
Nelke		am besten *Dianthus carthusianorum*
Ochsenzunge	×	Kelch lässt sich ganz leicht abziehen
Orange		
Pfefferminze	×	
Phlox		
Primel	×	
Ringelblume	×	
Rose *(Rosa)*		nur die Blütenblätter verwenden
Schlüsselblume		
Sonnenblume	×	nur die Blütenblätter verwenden
Stockrose		Staubgefäße und alle grünen Pflanzenteile entfernen
Stiefmütterchen *(Viola tricolor)*		
Taglilie	×	Knospen im Kühlschrank aufbewahren und in heißes Wasser legen
Tulpe		als „essbare Becher" verwenden
Veilchen *(Viola)*	×	
Waldmeister		Geschmack der Blüten enttäuschend
Ysop	×	
Zitronenblüte		

Für richtige und vollständige Angaben wird keine Garantie übernommen.
Quelle: Botanischer Garten Braunschweig

Kandierte Blüten

Um Blüten länger haltbar zu machen, kann man sie kandieren. Diese Konservierungsmethode hat den Nebeneffekt, dass die Blüten anschließend lange toll aussehen.

1 Eiweiß (Größe M) ⋆ 1 Prise Salz ⋆ feiner oder feinster Kristallzucker
Glasschale ⋆ Pinsel

1 Frisches Eiweiß ist zum Kandieren zu zähflüssig. Daher am Vortag das Eiweiß mit Salz in einer Glasschüssel verrühren, mit Küchenpapier abdecken und über Nacht in den Kühlschrank stellen, damit das Eiweiß flüssig wird.

2 Die Blüten wenn nötig waschen und trocknen lassen. Anschließend die Blütenblätter rundherum sorgfältig mit einem Pinsel dünn mit Eiweiß bestreichen. Achten Sie darauf, dass alle Stellen benetzt sind, so halten die Blüten am längsten. Das Eiweiß kurz antrocknen lassen. Achten Sie darauf, dass es nicht zu trocken ist, denn dann haftet der Zucker nicht mehr daran.

3 Die Blütenblätter mit Zucker bestreuen.

2

3

4

5

Tipp: Geben Sie beim Kandieren von Rosen 3–4 Tropfen Rosenöl in Lebensmittelqualität in das Eiweiß. Das verstärkt den Rosenduft.

4 Überschüssigen Zucker entfernen.

5 Auf ein Küchenpapier legen und an einem trockenen Ort ohne direkte Sonneneinstrahlung trocknen lassen.

Feinen Zucker verwenden

Je feiner der Zucker, desto weniger beschwert er die Blüten. Verwenden Sie daher bei sehr dünnen Blütenblättern besonders feinen Kristallzucker.

Royal Icing

Zutaten und Rezepte

GRUNDZUTATEN

Die Grundzutaten der Eiweißspritzglasur sind Puder- bzw. Staubzucker und Eiweiß. Je nach Anwendung der Zuckerglasur werden weitere Zutaten wie Stärke, Zitronensäure bzw. Weinsteinsäure, Bindemittel, Glukosesirup, Glyzerin (E422) oder Piping Gel (Garniergelee) beigemischt.

Puder- oder Staubzucker

Bei der Herstellung von Puder- oder Staubzucker werden Zuckerkristalle sehr fein gemahlen. Die Qualität des Puderzuckers ist entscheidend bei der Wahl der richtigen Größe von Loch-, Stern- oder Blütentüllen. Für die Arbeit mit größeren Tüllen, also ab der Tülle Nr. 2 aufwärts, genügt der herkömmliche Puderzucker aus dem Supermarkt. Bis zur Tüllengröße Nr. 1 kann man sich beim Gebrauch von herkömmlichem Puderzucker behelfen, indem man die angerührte Spritzglasur einen Tag bei Raumtemperatur stehen lässt und vor Gebrauch durch ein feines Sieb streicht. Wenn Sie jedoch mit feineren Tüllen arbeiten möchten, brauchen Sie einen besonders feinen Puder- bzw. Staubzucker, den man ausschließlich im Fachhandel oder als Import aus dem Ausland erhält. Vor allem in Großbritannien (Fine Confectionary Sugar) und den USA (Icing Sugar) sind diese besonders feinen Puderzucker gebräuchlich. Alternativ kann man auf verschiedene Instant Icings (z. B. von Jacobi Decor oder Kelmy) zurückgreifen, die sehr feinen Staubzucker enthalten.

Königlicher Zuckerguss

Der Begriff „Royal Icing" (englisch „königliche Glasur") geht auf längst vergangene Zeiten zurück, in denen der Zucker noch so teuer war, dass nur Adlige sich leisten konnten, ihn zu verwenden.

Eiweiß

Anstelle von frischem Eiweiß (Eiklar) kann man auch Eiklarpulver verwenden, das durch Erhitzen und Trocknen aus frischem Eiweiß hergestellt wird. Der Vorteil des Pulvers besteht darin, dass das Risiko von Salmonellenbildung extrem gering ist. Meist enthält das Pulver neben Eiweiß auch andere Zutaten wie Zucker, Salz, Bindemittel oder Stärke. Halten Sie sich bei der Mengenberechnung jeweils an die Angaben des Herstellers auf der Verpackung. Bei der Verwendung von reinem Eiklarpulver rechnet man einen Teil Pulver auf 7–7,5 Teile Wasser. Anstelle von einem Ei Größe M verwendet man also 4 g Eiweißpulver und 28 g Wasser. Wenn Sie Eiklarpulver verwenden, können Sie auf die Zugabe von Weinsteinsäure verzichten. Bei der Herstellung von Royal Icing sieben Sie das Eiklarpulver mit dem Puderzucker und rühren die Mischung anschließend mit Wasser an. Alternativ können Sie auch nur das Eiklarpulver mit Wasser anrühren und über Nacht quellen lassen, um es am nächsten Tag mit Puderzucker zu Spritzglasur zu verarbeiten.

Stärke

Stärke macht die Glasur stabiler und nicht so süß. Verwendet werden können Kartoffel-, Reis oder Tapiokastärke. Weniger empfehlenswert ist Maisstärke, da sie einen negativen Einfluss auf die Konsistenz der Spritzglasur hat. Durch die Maisstärke werden die Eiweißproteine instabil, sodass das Icing beim Spritzen leichter reißt und die gespritzten Motive nicht lange in Form bleiben. Empfehlenswert ist die Zugabe von 3–5 g Stärke auf 100 g Puderzucker. Bei der Zugabe von größeren Mengen kann es passieren, dass die fertigen Ornamente sich nach dem Trocknen ausdehnen. Außerdem würde man die Stärke bei einem höheren Anteil im Royal Icing schmecken, was kein wünschenswerter Effekt ist.

Bindemittel

Bindemittel (z. B. CMC oder Tylose) wird beigemischt, wenn Rosen und andere Blüten gespritzt werden sollen. Das Bindemittel bindet das noch freiliegende Wasser in der Glasur und macht das Royal Icing dadurch stabiler. Geben Sie ca. 6 g CMC oder Tylose auf 500 g fertige Eiweißspritzglasur. Alternativ können Sie für diese Projekte auch Instant Icing verwenden, die in der Regel Bindemittel wie Xantan, Johannisbrotkernmehl oder modifizierte Stärke enthalten

Glyzerin

Glyzerin (E422) ist eine farblose und geruchlose viskose Flüssigkeit, die süßlich (von griechisch glykerós „süß") schmeckt und für die Verwendung in Lebensmitteln zugelassen ist. Glyzerin hält Royal Icing, mit dem Torten eingestrichen werden sollen, weich. Geben Sie 10 ml Glyzerin auf 500 ml fertige Spritzglasur. Glyzerinhaltiges Royal Icing sollte nicht direkt auf eine Marzipandecke aufgetragen werden. Lassen Sie die Decke zunächst trocknen und tragen Sie eine erste Schicht mit Royal Icing ohne Glyzerin auf. Royal Icing mit Glyzerin eignet sich auch nicht für das Spritzen von Run-outs oder Ornamenten.

Garniergelee (Piping Gel)

Garniergelee oder Piping Gel wird der Spritzglasur beigemischt, wenn sie für Eiweißmalerei verwendet werden soll. Das Gel verhindert das zu schnelle Austrocknen der Spritzglasur und erhöht durch Zutaten wie Glukose, Agar-Agar oder Gelatine die Geschmeidigkeit des Icings.

Glukosesirup

Glukosesirup macht die Glasur elastischer und verhindert, dass der Zucker auskristallisiert. Aufgrund der langkettigen Glukosemoleküle werden die Garnierfäden nicht so hart und brechen nicht so schnell. Geben Sie 5 g Glukosesirup auf 100 g fertige Glasur. Glukosesirup gibt es in unterschiedlichen Qualitäten und sollte daher ausschließlich im Fachhandel gekauft werden.

Zitronen- oder Weinsteinsäure

Die Zugabe von etwas Säure macht frisches Eiweiß stabiler und lässt es weißer aussehen. Außerdem kann die Säure die Süße etwas abmildern. Zu viel Fruchtsäure macht die Spritzglasur aber auch empfindlicher, sodass fertige filigrane Ornamente oder Dekorationen schneller zerbrechen. Aus diesem Grund ist es empfehlenswert, anstatt Zitronensäure (E330) Weinsteinsäure (E334) zu verwenden (nicht zu verwechseln mit Weinstein-Backpulver). Beachten Sie, dass bei der Verwendung von zu viel und zu aggressiver Säure die Gefahr besteht, dass der Zucker invertiert und sich eine kunsthonigartige Flüssigkeit bildet. Geben Sie einen Tropfen Weinsteinsäure auf ca. 100 g Puderzucker. Weinsteinsäurepulver löst man zunächst in lauwarmem Wasser im Verhältnis 1:1 auf und gibt dann einen Tropfen auf 100 g Puderzucker hinzu.

Rezepte

Royal Icing lässt sich aus gesiebtem Puderzucker und frischem Eiweiß oder Eiweißpulver rasch und einfach selbst herstellen und mit den entsprechenden Zusatzzutaten je nach Anwendung modifizieren. Eine gute Alternative ist jedoch Instant Icing. Diese fertig gemischten Pulver, die lediglich mit Wasser angerührt werden, enthalten meist besonders feinen Puderzucker und sind für vielfältige Anwendungen geeignet.

Bei der Herstellung und auch bei der Verarbeitung sämtlicher Eiweißspritzglasuren ist es unabdingbar, dass alle Verarbeitungswerkzeuge absolut fettfrei sind, denn sonst leidet die Standfestigkeit der Glasuren. Empfehlenswert sind daher Rührschüsseln aus Edelstahl oder Glas. Beim Schlagen werden nach und nach Luftblasen ins Eiweiß eingerührt. Sie lagern sich in einer Art Netz ein, das die Eiweißmoleküle bilden. So wird das Eiweiß steif und weiß. Kommt das steife Eiweiß in Kontakt mit Fett, entweicht die Luft jedoch wieder und der Eischaum fällt zusammen. Achten Sie auch sorgfältig darauf, dass beim Trennen der Eier kein fetthaltiges Eigelb ins Eiweiß gelangt.

Mit frischem Eiweiß hergestelltes Royal Icing kann fertig angerührt bis zu drei Tage im Kühlschrank gelagert werden; bei der Verarbeitung sollte es Zimmertemperatur haben. Instand Icing oder mit Eiweißpulver hergestelltes Icing kann bis zu 14 Tage verarbeitet werden.

Grundrezept Royal Icing

90–100 g Eiweiß (siehe Seite 35), zimmerwarm • 500 g Puderzucker, gesiebt
15–25 g Kartoffel-, Reis- oder Tapiokastärke • 3 g Weinsteinsäure, alternativ Zitronensäure • 1 Prise Salz

1 Am Vortag die Eier für das Eiweiß trennen. Mit einer fettfreien Pinzette die Hagelschnüre entfernen. Das Eiweiß in eine Glas- oder Edelstahlschüssel geben und über Nacht in den Kühlschrank stellen.

2 Eiweiß, Puderzucker, Stärke, Säure und Salz in einer fettfreien Schüssel mit dem Rührbesen des Handrührgeräts 10–15 Minuten oder dem Schlagarm der Küchenmaschine 3–6 Minuten bis zur gewünschten Konsistenz aufschlagen. Wird bei der Küchenmaschine der Rührbesenaufsatz verwendet, muss mit einer langsameren Geschwindigkeit gerührt werden.

1

2

Mengenberechnung

Für das Royal-Icing-Grundrezept rechnet man auf 100 g Puderzucker 18–20 g Eiweiß und 3–5 g Stärke.

Tipp: Die beiden kabelartigen Hagelschnüre im Ei, die das Eigelb in der richtigen Position halten, können feine Tüllen verstopfen, daher sollten sie entfernt werden.

Instant Icing

Instant Icing ist eine Eiweißspritzglasur in Pulverform, die mit lauwarmem Wasser (24 °C) angerührt wird. Sie enthält meist sehr fein gemahlenen Puderzucker. Die Herstellung ist schnell, einfach und – im Hinblick auf die Salmonellenproblematik bei frischem Eiweiß – sicher. Außerdem kann fertig angerührtes Instant Icing länger aufbewahrt werden als Royal Icing mit frischem Eiweiß. Ein weiterer Vorteil ist, dass es bereits die richtige Menge an Säure enthält, die die Glasur stabil macht und schön weiß aussehen lässt. Fertig angerührtes Instant Icing hält sich im Kühlschrank bis zu 14 Tage; dazu Frischhaltefolie direkt auf das Icing legen und die Schüssel mit einem Deckel oder einem feuchten Tuch abdecken.

Konsistenz durch Rührzeit bestimmen

Entgegen landläufiger Ansichten erreicht man die Konsistenz von Royal Icing vor allem durch die Rührzeit, nicht nur durch die Zugabe von mehr oder weniger Puderzucker. Kurzes Rühren führt zu einer weicheren Konsistenz, längeres Rühren zu einer festeren Konsistenz. Zum Spritzen von Blüten ist eine mittlere Konsistenz ideal. Drücken Sie zur Kontrolle ein wenig Icing zwischen Zeigefinger und Daumen und ziehen Sie die Finger anschließend auseinander. Lässt sich das Icing leicht ziehen und zieht zwei kleine Spitzen (siehe Foto), hat es die perfekte Konsistenz für Blüten.

DEN GESCHMACK VARIIEREN

Anders als bei Rollfondant kann der Geschmack von Royal Icing nicht verändert werden. Das Eiweiß in der Glasur reagiert auf Fettsäuren und Glycerin negativ, sodass keine ätherischen Öle verwendet werden können. Auch die Zugabe von etwas mehr Zitronensaft ist nicht möglich. Die gespritzten Motive würden nach dem Trocknen zerbrechen. Es ist jedoch andererseits auch nicht dramatisch, wenn das Royal Icing geschmacklich eher neutral ist, da die nach dem Trocknen recht harten Dekorationen meist ohnehin nicht verzehrt werden.

ROYAL ICING FÄRBEN

Royal Icing kann im Prinzip mit jeder Lebensmittelfarbe eingefärbt werden, also Gel- oder Pastenfarbe, Puderfarbe oder Flüssigfarbe. Soll das Icing sehr dunkel, also z. B. schwarz oder dunkelblau, eingefärbt werden, sollten Sie Farben verwenden, die kein Glyzerin enthalten. Glyzerin lässt die fertigen und getrockneten Dekore schneller zerbrechen. Farben ohne Glycerin sind im Fachhandel erhältlich und meist Flüssigfarben.

Farbe einrühren

1 Die gewünschte Menge Royal Icing in eine Schale füllen.

2 Zunächst nur wenig Lebensmittelfarbe zugeben und das Icing mit einer Winkelpalette verrühren.

3 Mehr Farbe zugeben und umrühren, bis der gewünschte Farbton erreicht ist.

Hinweis: Beachten Sie beim Färben, dass Lebensmittelfarbe immer 10–15% nachdunkelt. Lassen Sie das Icing ca. 30 Minuten ruhen. Danach sieht man dann den richtigen Farbton.

2

3

Beim Tablieren färben

1 Das Icing kann auch während des Tablierens (siehe Seite 139) gefärbt werden. Dazu das Icing auf die Arbeitsfläche geben, wenig Lebensmittelfarbe zugeben …

2 … und das Icing mit wellenartigen Bewegungen der Winkelpalette bearbeiten, sodass die Farbe untergemischt wird.

1

2

Royal Icing verarbeiten

TABLIEREN

Bevor das Royal Icing aufgespritzt wird, muss es tabliert werden, um Lufteinschlüsse, die sich beim Anrühren gebildet haben, aus der Masse herauszustreichen. Die Luftblasen können das Spritzergebnis beeinträchtigen, da die Masse dadurch nicht gleichmäßig auf die Torte gespritzt werden kann. So muss öfter nachgearbeitet und Fehler korrigiert werden. Bei manchen Tüllen kann das Icing auch ohne vorheriges Tablieren gespritzt werden. Allerdings ist dies nur möglich, wenn das Royal Icing frisch zubereitet verwendet wird. Grundsätzlich gilt: Wenn das Icing länger als eine Stunde steht, sollte es erneut in der Küchenmaschine bei langsamer Geschwindigkeit aufgeschlagen und anschließend tabliert werden.

1 Zum Tablieren das Royal Icing auf die Arbeitsfläche geben.

2 Das Icing mit der Winkelpalette in wellenartigen Bewegungen flach streichen …

3 … und anschließend wieder zusammenfügen. Den Vorgang mehrmals wiederholen, bis die Masse eine weiche und glatte Oberfläche hat und alle Luftblasen entfernt wurden.

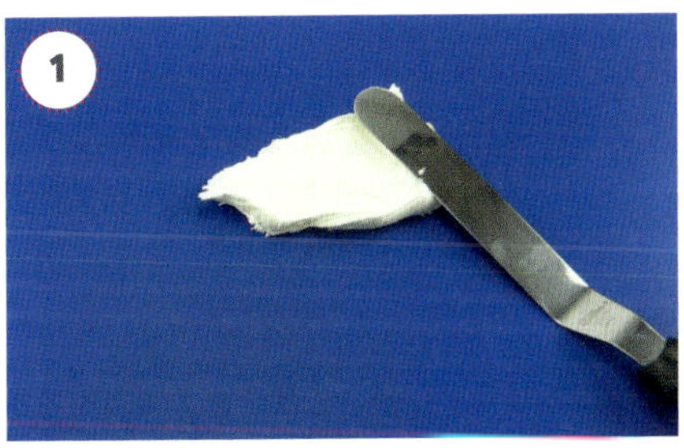

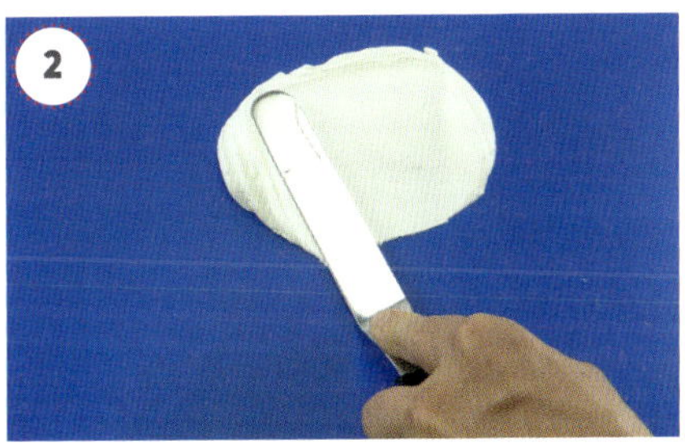

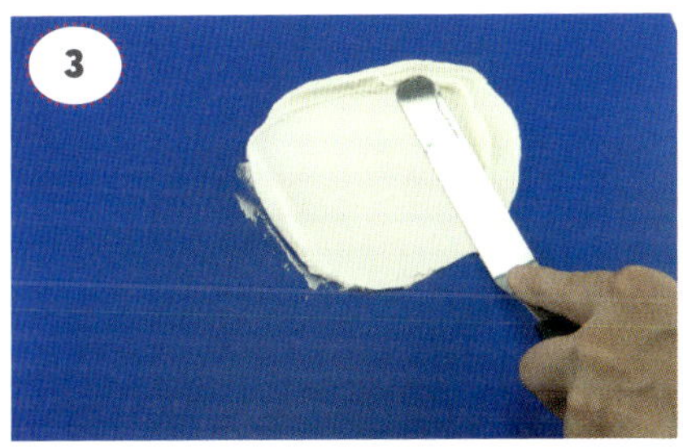

SPRITZBEUTEL & CO.

Bei der Verarbeitung von Royal Icing müssen Spritzbeutel, Tüllen und alle anderen Werkzeuge und Gegenstände, die mit der Glasur in Berührung kommen, absolut fettfrei sein, denn ansonsten leidet die Standfestigkeit der Spritzglasur. Verwenden Sie daher Spritzbeutel und Tüllen, mit denen Sie Royal Icing verarbeiten, niemals für Buttercreme oder Sahne. Bewahren Sie die Beutel und Tüllen separat auf oder kennzeichnen Sie sie farblich, damit diese nicht vertauscht werden können. Auch Einwegspritzbeutel sind eine gute Alternative.

Spritzbeutel mit Adapter

Mit einem Adapter am Spritzbeutel können Tüllen schnell getauscht werden, ohne dass das Icing aus dem Beutel entfernt werden muss. Der Adapter wird in den Spritzbeutel geschoben und die Tüllen werden anschließend am Adapter befestigt. Achten

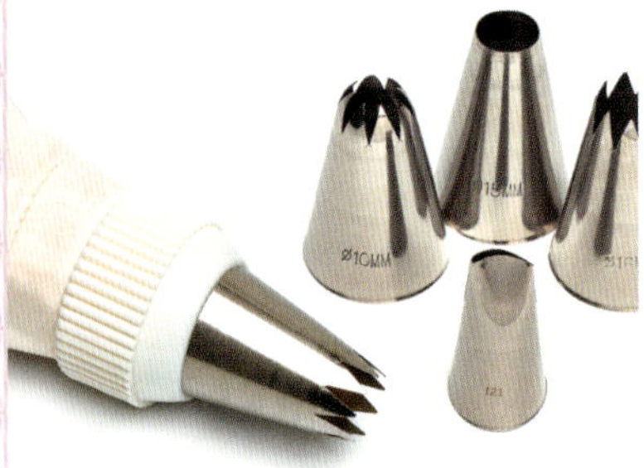

Sie bei der Verwendung von Adaptern darauf, dass Sie das Loch in der Spitze nicht zu groß schneiden, damit der Adapter später nicht herausrutscht.

Achten Sie zudem darauf, dass die Spitzen bei Einwegspritzbeutel und bei mehrfach verwendbaren Spritzbeuteln jeweils an unterschiedlichen Stellen abgeschnitten werden.

Bei **Einwegspritzbeuteln** schiebt man den Adapter bis in die Spitze des Spritzbeutels und schneidet die Spitze dann über dem Gewinde des Adapters ab.

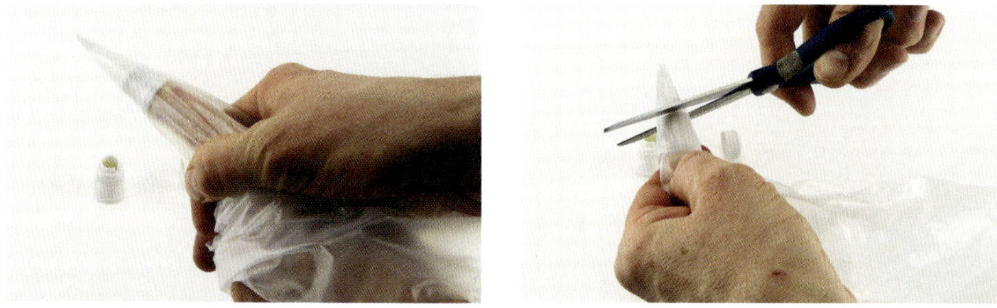

Bei **wiederverwendbaren Spritzbeuteln** wird die Spitze des Beutels an einer anderen Stelle abgetrennt. Auch hier den Adapter bis zum Ende in den Beutel schieben, mit der Schere die Stelle unter dem Gewinde am Beutel markieren, den Adapter zurück in den Beutel gleiten lassen, die Spitze abschneiden und den Adapter wieder in die Spitze schieben.

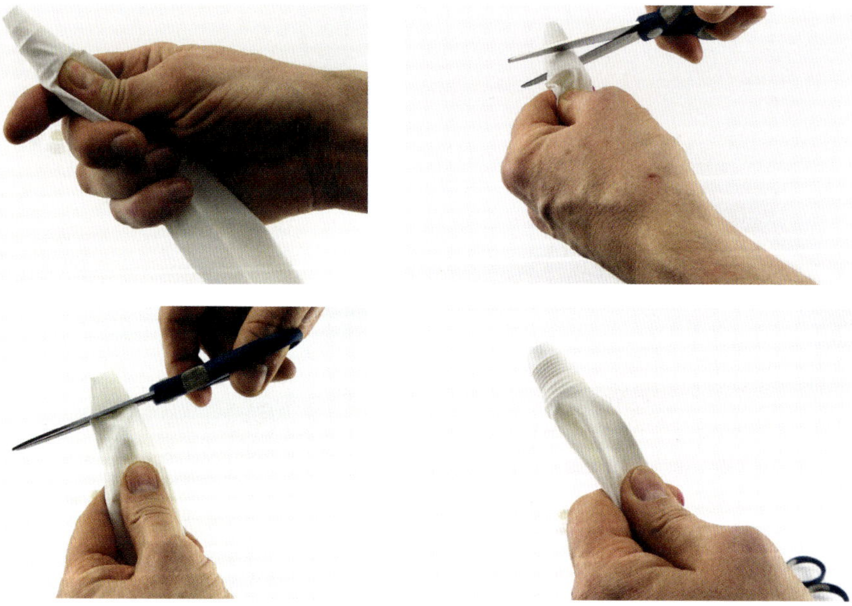

Würde man die Spitze beim Einwegspritzbeutel an derselben Stelle abtrennen wie beim Mehrwegspritzbeutel, bestünde die Gefahr, dass durch den Druck der Adapter herausgedrückt wird, da das Beutelmaterial nicht so fest und stabil ist. Beim Einwegspritzbeutel muss auch nicht zwingend ein Adapter verwendet werden. Stattdessen kann man die Tüllen auch ohne Adapter in die Spitze schieben. Achten Sie darauf, dass stets zwei Drittel der Tülle vom Spritzbeutel bedeckt sind und Sie nicht zu viel von der Spitze abschneiden.

Spritztüte aus Papier

Wer keinen Spritzbeutel zur Hand hat, kann ganz einfach aus einem Stück Backpapier eine Spritztüte falten.

1 Aus Backpapier ein rechtwinkliges Dreieck mit einer Länge der langen Kante von ca. 40 cm zurechtschneiden.

2 Das Dreieck mit einer Hand in der Mitte der langen Kante halten.

3 Mit der anderen Hand die obere Ecke zur Mitte drehen und bündig auf den rechten Winkel legen, …

4 … sodass sich eine Art Tüte bildet.

5 Die untere Ecke um die Tüte herumführen und ebenfalls bündig auf den rechten Winkel legen.

6 Die beiden Ecken nun so übereinanderschieben, dass die Spitze der Tüte geschlossen ist.

7 Die Ecken zweimal nach innen falten und den Falz jeweils mit dem Fingernagel nachziehen.

8 Oben an der Öffnung der Tüte jeweils neben der Naht 1 cm einschneiden und die entstandene Lasche nach unten falten. So wird verhindert, dass die Faltnaht unter Druck aufgeht.

9 Zum Schluss die Spitze der Tüte abschneiden. Sie können nun ggf. eine Tülle einsetzen oder die Spritztüte sofort mit Glasur füllen.

Fertige Pergamentdreiecke

Im Fachhandel sind fertige Pergamentdreiecke mit einer Faltanleitung erhältlich, aus denen sich ganz schnell Papierspritztüten falten lassen.

Royal Icing im Spritzbeutel lagern

Wenn sich nach dem Spritzen noch etwas Royal Icing im Spritzbeutel befindet, das später noch verwendet werden soll, müssen der Spritzbeutel und vor allem die Tülle in ein feuchtes Tuch gewickelt werden, um zu verhindern, dass die Masse aushärtet. Bei Spritztüten aus Papier darf nur die Spitze feucht gehalten werden, da das Backpapier ansonsten durchweichen und bei der Verarbeitung reißen würde. Papierspritztüten stellt man daher am besten mit der Spitze nach unten in einen Ständer und lagert die Spitze auf einem feuchten Schwamm. Auch Icing, das sind noch in der Küchenmaschine befindet und noch nicht abgefüllt wurde, sollte mit einem feuchten Küchenhandtuch abgedeckt werden.

Spritzbeutel füllen

Die klebrige Masse in den Spritzbeutel zu füllen, ist nicht ganz leicht und erfordert etwas Übung. Mit folgender Anleitung gelingt es sicher. Die Technik können Sie übrigens auch für Buttercreme, Ganache, Kartoffelpüree und alle anderen Massen anwenden, die in einem Spritzbeutel gefüllt werden sollen. Sie können den Spritzbeutel auch in eine kleine Vase stellen. Dann können Sie beide Hände zum Befüllen verwenden.

1 Den oberen Beutelrand nach unten klappen.

2 Die Hand zu einem C formen und den Beutel so unter dem umgeschlagenen Rand halten.

3 Die Masse mit einer Palette einfüllen.

4 Die Hand schließen und die Palette herausziehen, sodass die restliche Masse an der Palette abgestreift wird.

5 Den Spritzbeutel oben mit einer Hand zusammendrücken und die Masse mit der anderen Hand in Richtung Tülle schieben.

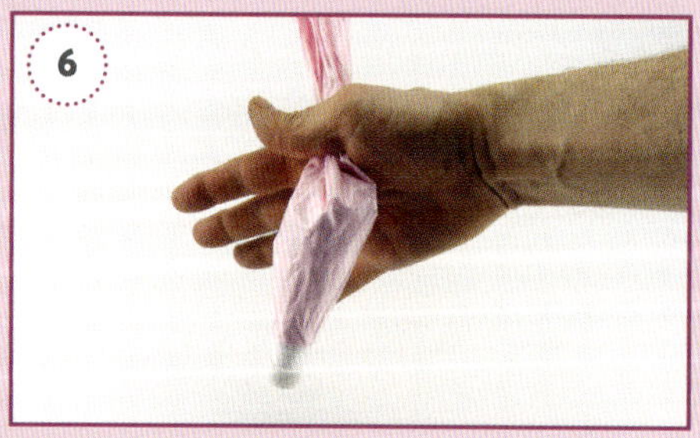

6 Schritt 3–5 nach Wunsch wiederholen.

Dekorieren mit Royal Icing

SPRITZTECHNIK

Ist der Spritzbeutel mit Royal Icing gefüllt, kann es auch schon losgehen. Den Spritzbeutel oben mit einer Hand zusammendrücken und anschließend drehen, sodass Druck auf die Masse entsteht. Wenn der Beutel durch das Drehen auf Spannung gehalten wird, muss nicht so stark gedrückt werden.

Die richtige Haltung

Halten Sie den Spritzbeutel am besten mit zwei Händen. Mit der einen Hand drücken Sie das Icing heraus, die andere Hand stabilisiert, damit die Linien gerade werden.

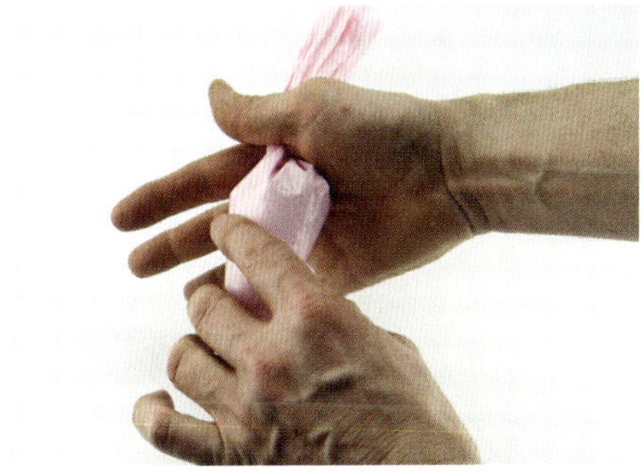

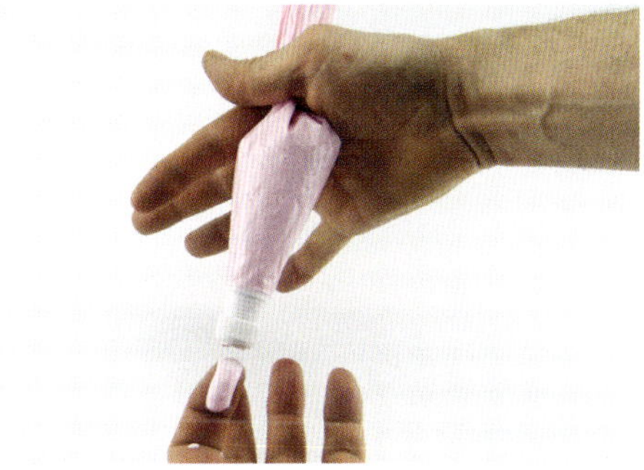

Wenn Sie Einsteiger bei der Verarbeitung von Royal Icing sind, empfiehlt es sich, das Spritzen zunächst einmal zu üben, bevor Sie an die Tortendekoration gehen. Je häufiger Sie mit dem Spritzbeutel gearbeitet haben, desto sicherer werden Sie. Im Anhang (siehe S. 166 ff.) finden Sie Vorlagen und Anleitungen zum Spritzen von Linien, Rosetten, Bärentatzen und Blüten, mit denen Sie die verschiedenen Spritztechniken üben können.

SCHREIBEN UND MALEN

Beim Schreiben und Malen mit Spritzbeutel und Spritzglasur ist es wichtig, vorher genau zu wissen, was gemalt bzw. wie groß oder breit die Schrift werden soll. Denn einmal auf der Oberfläche aufgebracht, lässt sich die Glasur kaum noch rückstandsfrei entfernen; Korrekturen sind dadurch fast unmöglich. Am besten üben Sie das Motiv bzw. den Schriftzug vorher auf einem Stück Papier. Zum Schreiben und Malen eignen sich feine Lochtüllen mit einem Durchmesser von 1–3 mm. So können Sie gezielt schmale und feine Linien ziehen.

Gerade Linien aufspritzen

1 Den Spritzbeutel im 45-Grad-Winkel zur Torte oder zum bemalenden Stück Rollfondant halten.

2 Den Spritzbeutel auf dem Rollfondant ansetzen, …

3 … spritzen, dabei die Tülle hochziehen …

4 … und das Icing auf das zu bemalende Stück gleiten lassen.

5 Am Ende der Linie den Spritzbeutel kurz auf dem Rollfondant absetzen, dabei nicht mehr drücken, und dann hochheben.

6 Überschüssiges Icing ggf. mit einem dünnen, nebelfeuchten Pinsel entfernen.

Geschwungene Linien

1 Den Spritzbeutel senkrecht zur Torte halten.

2 Den Spritzbeutel auf dem Rollfondant ansetzen, …

3 … spritzen, dabei die Tülle 2–4 cm hochziehen …

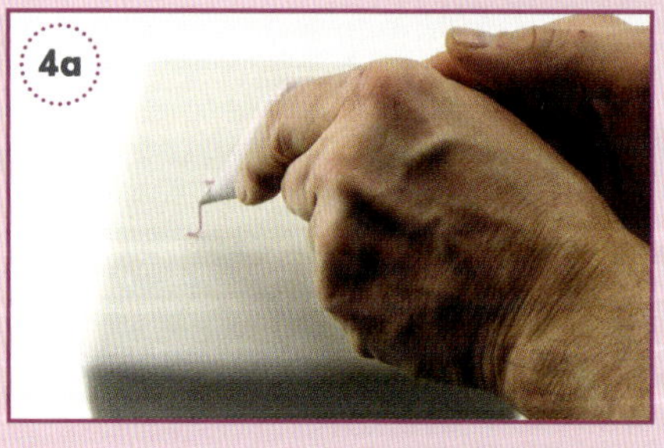

4 … und mit der Hand die Linien senkrecht zur Torte quasi in die Luft malen, dabei fällt das Icing in die gewünschte Form auf den Rollfondant.

Frei Hand schreiben

Zum Schreiben frei Hand den Spritzbeutel mit zwei Händen halten und wie mit einem Stift schreiben. Lufteinschlüsse im Icing können am Ende mit dem Pinsel entfernt oder durch das Aufspritzen von kleinen Herzen oder Kreisen retuschiert werden.

RÜSCHEN UND BORDÜREN

Mit sogenannten Rüschentüllen können Verzierungen an die Torte gespritzt werden. Die Tüllen 87–89 eignen sich gut als Einsteigertüllen. Sie können auch ohne vorheriges Tablieren des Icings (siehe Seite 139) verwendet werden, wenn die Masse ganz frisch zubereitet wurde. Die Tüllen sind auch für die amerikanische Buttercreme geeignet. Verwenden Sie für diese Tüllen immer ein Icing mit mittlerer Konsistenz (siehe Seite 137). Schneiden Sie sich vor dem Spritzen von Rüschen am besten eine Vorlage aus Papier zurecht, damit die Verzierungen gleichmäßig an der Torte platziert werden können (siehe Seite 146).

Handhaltung

Beim Spritzen von Rüschen und Bordüren ist die Haltung der Spritzhand besonders wichtig, damit die Verzierungen gleichmäßig im Bogen und immer in derselben Richtung aufgespritzt werden. Die Bewegung können Sie vorab als Trockenübung proben. Linkshänder arbeiten von rechts nach links, Rechtshänder von links nach rechts.

1 Die Tülle ansetzen, die Handfläche zeigt zu Beginn nach oben.

2 Im Verlauf des Bogens dreht sich die Handfläche …

3 … nach unten.

Rüschen am Tortenrand aufspritzen

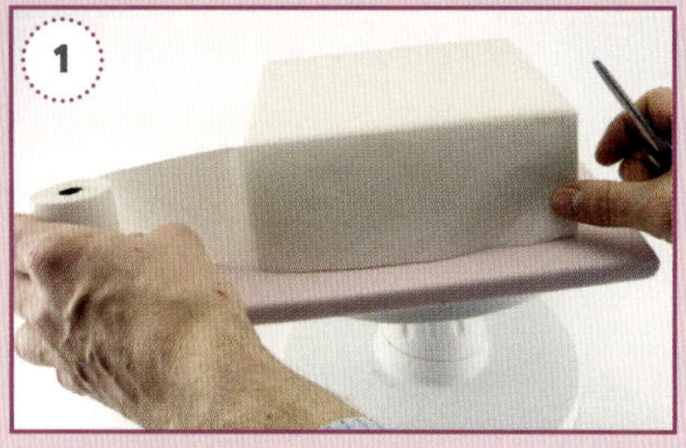

1 Einen Streifen Papier in der Länge und Breite des Tortenrands zurechtschneiden.

2 Den Papierstreifen mittig quer falten und anschließend das gefaltete Stück noch einmal mittig quer falten.

3 Den gefalteten Streifen an einer Ecke der Torte anlegen, den höchsten und tiefsten Punkt des Rüschenbogens bestimmen und den Bogen einzeichnen.

4 Den oberen Teil des Streifens an der eingezeichneten Linie abschneiden.

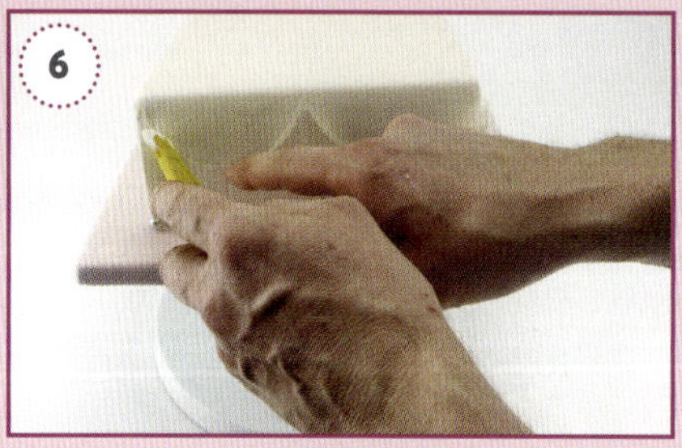

5 Den Streifen aufklappen und die Schablone mit Stecknadeln mit großem Kopf am Tortenrand befestigen.

6 Mit einem Designrad oder einem Messer die Schablone im Rollfondant nachzeichnen. Die Schablone entfernen.

7 Die Tülle an einer Ecke ansetzen und das Icing entlang der geritzten Linie auf die Torte spritzen, dabei für das Rüschenmuster die Tülle mit der weiter offenen Seite nach oben zeigend stets an der Torte ansetzen den Spritzbeutel ein wenig anheben und in einem Bogen wieder zur Torte führen, sodass viele kleine „Tatzen" entstehen (Vorlagen zum Üben von Bärentatzen, siehe Seite 167).

Bordüren am Tortenrand aufspritzen

Die Bordürentüllen 102–104 oder 124 können entweder als reine Bordürentülle oder mit etwas Erfahrung auch als Rosentülle verwendet werden. Vor der Verwendung der Tüllen sollte das Icing tabliert werden.

1 Das Icing tablieren (siehe Seite 139), dabei nach Wunsch färben (siehe Seite 138), und in den Spritzbeutel mit passender Tülle einfüllen.

2 Den Tortenrand mithilfe einer Papierschablone wie bei „Rüschen am Tortenrand aufspritzen" in Schritt 1–6 vorbereiten.

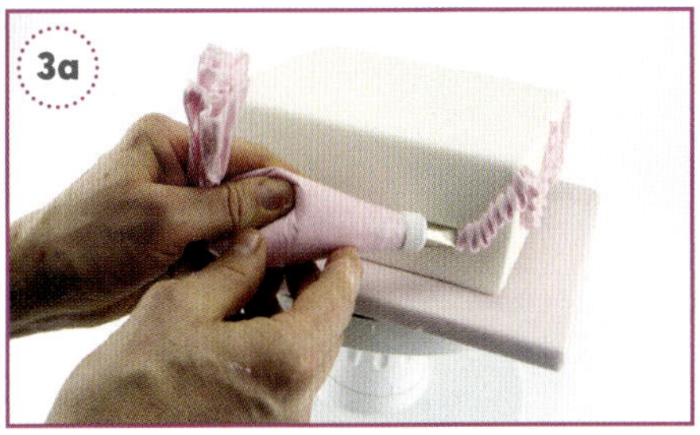

3 Die Tülle an einer Ecke ansetzen und das Icing entlang der geritzten Linie auf die Torte spritzen, dabei die Handhaltung beachten und für das Bordürenmuster die Tülle mit der weiter offenen Seite nach oben zeigend in leichten Wellenbewegungen von oben nach unten führen.

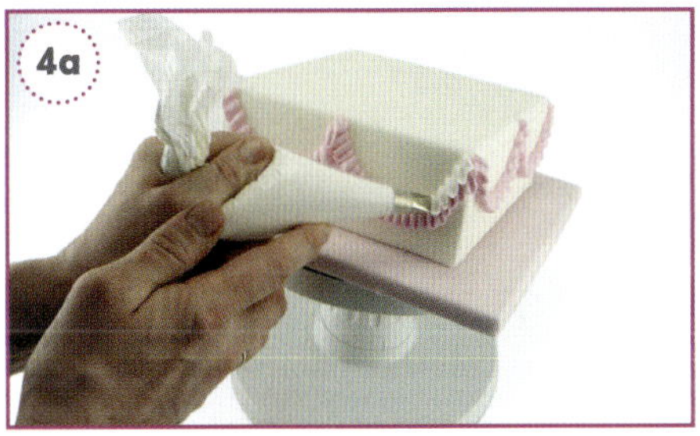

4 Nach Wunsch eine zweite Bordüre in einer anderen Farbe darübersetzen.

BLÜTEN UND BLÄTTER

Bei der Gestaltung einer Torte mit Blüten und Blättern können Sie Ihrer Fantasie freien Lauf lassen. Ganz gleich, ob realistisch anmutende Rosenblüten oder Fantasieblätter in Übergröße – eine mit Royal Icing floral verzierte Torte ist immer ein optisches Highlight. Blätter werden stets direkt auf die Torte gespritzt. Dagegen werden Blüten zunächst auf einen sogenannten Rosennagel gespritzt (siehe unten). Dort trocknen sie ca. 1 Stunde und werden dann im getrockneten Zustand mit Icing an der Torte befestigt.

Einfache Blüten spritzen

Einfache Blüten können Sie mit geschlossenen Sterntüllen spritzen. Blüten aus Royal Icing werden in der Regel auf einen sogenannten Rosennagel gespritzt. Der Rosennagel wird beim Spritzen in der Hand gedreht, sodass der Ansatzwinkel der Tülle immer gleich bleibt.

1 Das Icing tablieren (siehe Seite 139), dabei nach Wunsch färben (siehe Seite 138), und in den Spritzbeutel mit geschlossener Sterntülle einfüllen.

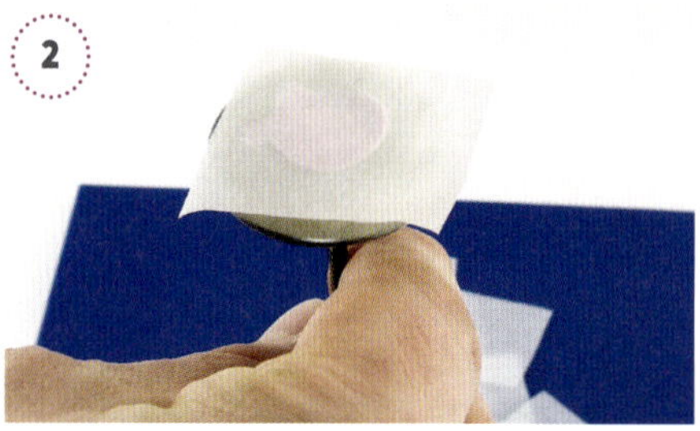

2 Einen Backpapierzuschnitt (ca. 3 cm x 3 cm) mit etwas Icing auf den Rosennagel kleben.

3 Die Tülle senkrecht nach unten auf dem Rosennagel ansetzen und mit wenig Druck eine Blüte aufspritzen, dabei den Rosennagel leicht drehen.

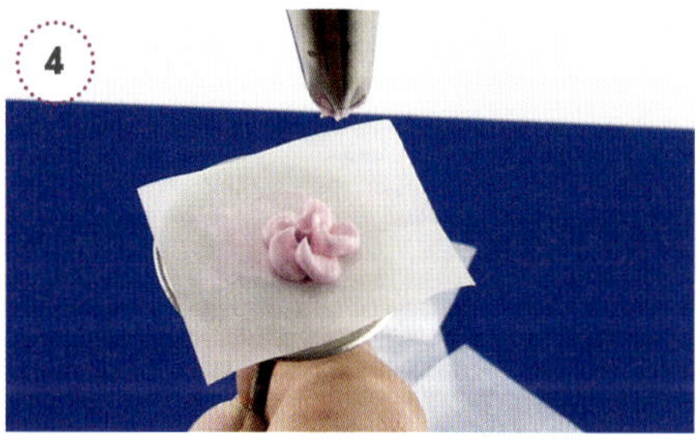

4 Die Tülle senkrecht nach oben abheben.

Offene Blüten spritzen

1 Das Icing tablieren (siehe Seite 139), dabei nach Wunsch färben, und in den Spritzbeutel mit Rosenblatt-Tülle einfüllen.

2 Einen Backpapierzuschnitt (ca. 3 cm x 3 cm) mit etwas Icing auf den Rosennagel kleben.

3 Die Tülle mit der weiten Öffnung in der Blütenmitte leicht schräg ansetzen. Zum Spritzen die Tüllenseite mit der weiten Öffnung fixieren und drumherum in einem Achtelkreis ein Blütenblatt aufspritzen, dabei den Rosennagel leicht drehen.

4 Für das nächste Blütenblatt die Tülle erneut mit der weiten Öffnung in der Blütenmitte fixieren und das Blütenblatt in einem Achtelkreis drumherum aufspritzen, dabei den Rosennagel leicht drehen. Den Schritt wiederholen, bis die Blüte vollständig ist.

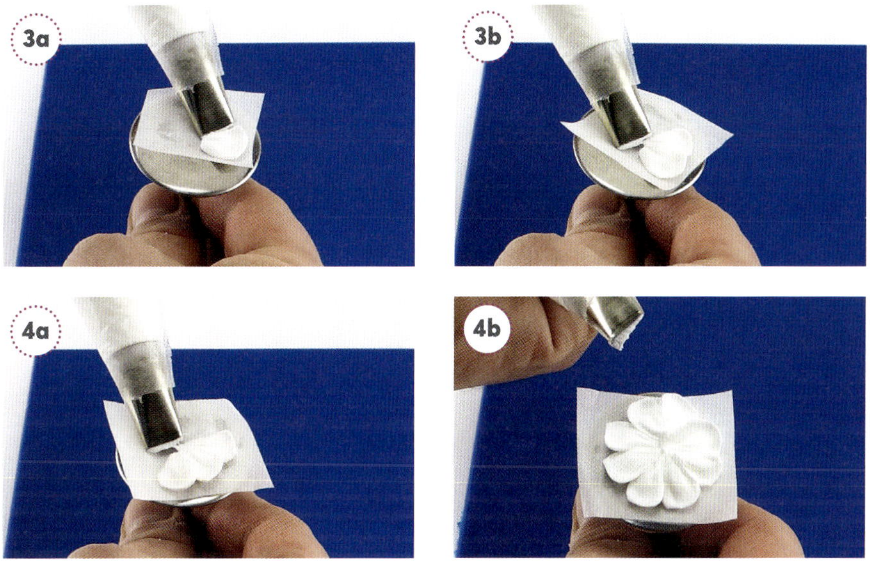

Die passenden Tüllen

Für das Spritzen von Blüten und Blättern lohnt es, sich eine kleine Auswahl an Tüllen zuzulegen: geschlossene Sterntülle (ganz links), Rosenblatt-Tüllen (Mitte links), Blättertüllen (Mitte rechts). Grastülle 234 (ganz rechts).

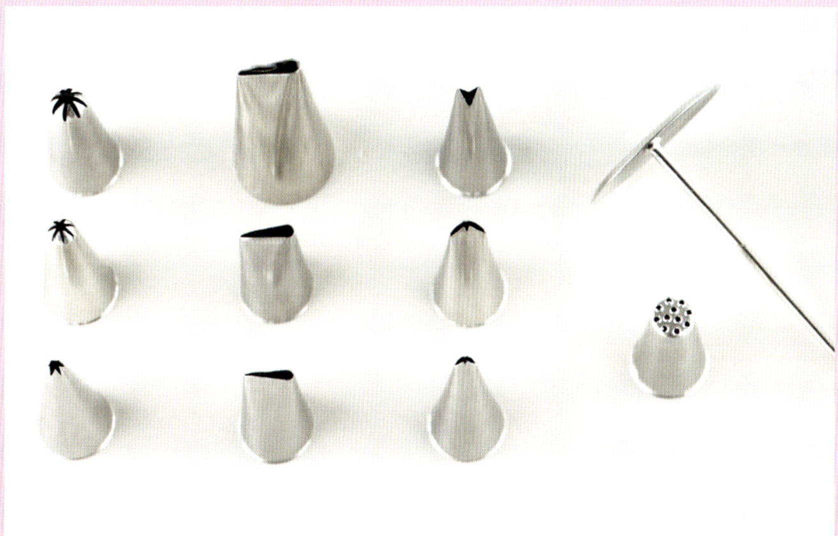

Blüten nach Vorlage spritzen

Besonders gleichmäßige Blüten erhält man, wenn man sie auf Vorlagen aufspritzt. Als Vorlagen dienen am PC erstellte „Sterne", bei denen die Anzahl der Zacken für die Anzahl der Blütenblätter steht (Vorlagen zum Kopieren finden Sie auf Seite 166). Die Vorlage mit Icing auf einen Rosennagel kleben, darüber einen durchsichtigen Backpapierzuschnitt legen und die gewünschte Tülle (z. B. Rosenblatttülle) am Spritzbeutel anbringen.

1 Die Tülle an einem Zacken der Vorlage ansetzen, …

2 … in der Blütenmitte fixieren und das Blütenblatt in einem Kreisabschnitt drumherum aufspritzen, dabei den Rosennagel leicht drehen.

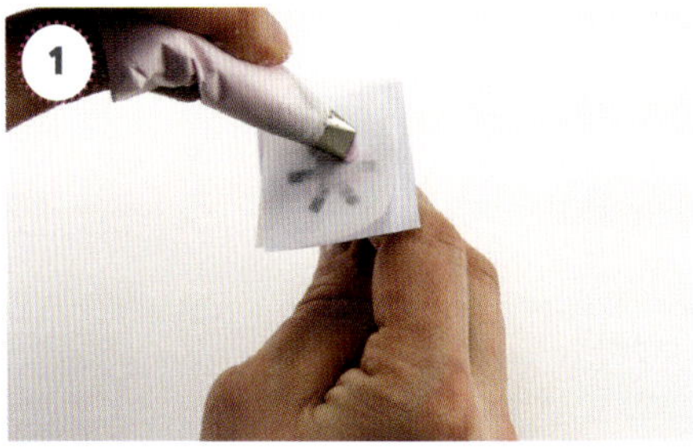

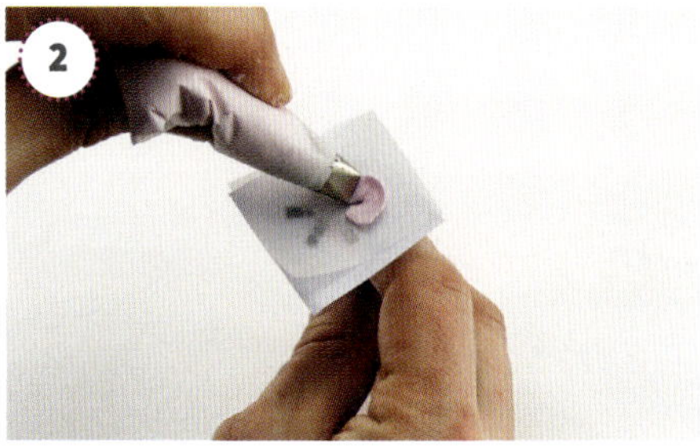

3 Die Blütenblätter nacheinander wie in Schritt 1 und 2 beschrieben gemäß Vorlage aufspritzen.

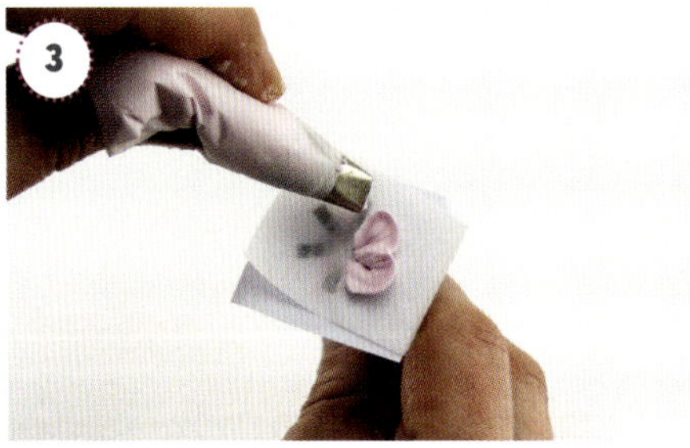

Rosen spritzen

Wer mit der Spritztülle schon etwas Übung hat, kann mit den Tüllen 102–104 und 124 auch hübsche Rosen spritzen. Die Rosen können entweder auf den Rosennagel oder auf einen Zahnstocher gespritzt werden. Dabei wird, anders als bei anderen Blüten, die Tülle nach jedem gespritzten Blütenblatt abgesetzt.

Rosenblüten können Sie entweder auf einen Rosennagel oder auf einen Zahnstocher spritzen.

1 Das Icing tablieren (siehe Seite 139), dabei nach Wunsch färben (siehe Seite 138), und in den Spritzbeutel mit passender Tülle einfüllen.

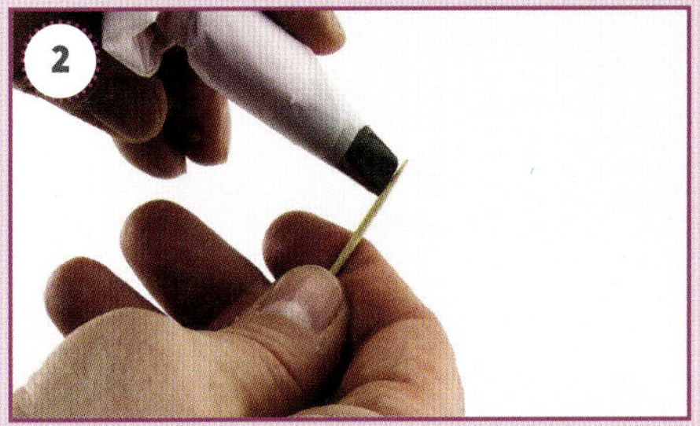

2 Die Tülle im 90-Grad-Winkel zum Zahnstocher halten, die schmale Öffnung zeigt nach oben.

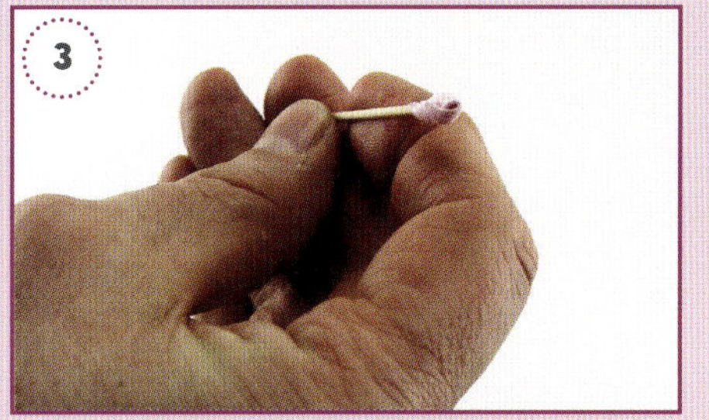

3 Das Innere der Rose um den Zahnstocher spritzen, sodass sich oben eine kleine Öffnung bildet. Die Tülle absetzen.

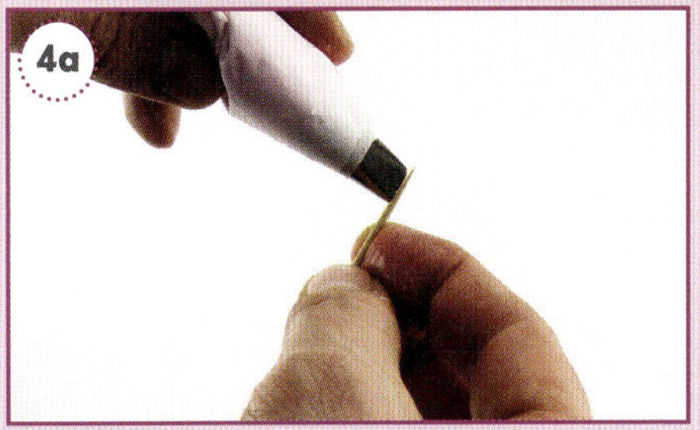

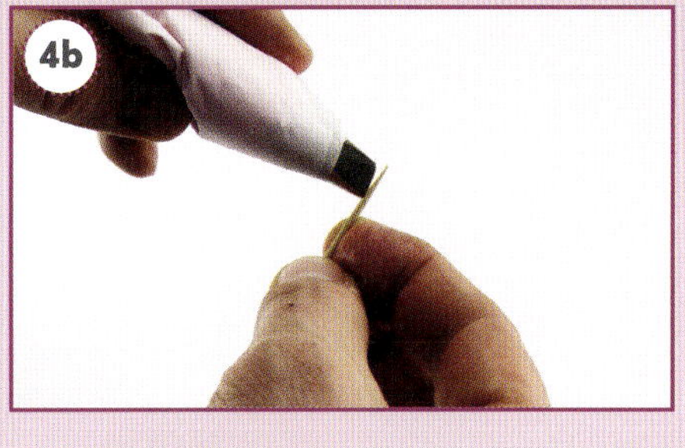

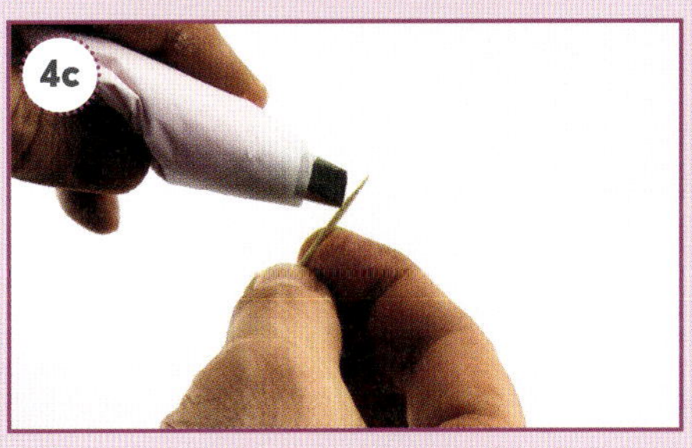

4 Die weiteren Blütenblätter einzeln nacheinander anspritzen, dabei wird der 90-Grad-Winkel vom ersten Blatt zwischen Zahnstocher und Tülle von Blütenblatt zu Blütenblatt immer kleiner bzw. die obere Tüllenöffnung entfernt sich immer mehr

Blätter

Im Gegensatz zu den Blüten werden Blätter stets direkt auf die Torte gespritzt. Zum Blätterspritzen gibt es zwei verschiedene Tüllen, die sich in der Handhabung unterscheiden. Verwenden Sie die Tüllen 67–70, wird die Tüllenöffnung parallel zum Untergrund ausgerichtet, bei der Tülle 352 senkrecht.

1 Das Icing tablieren (siehe Seite 139), dabei nach Wunsch färben (siehe Seite 138), und in den Spritzbeutel mit passender Tülle einfüllen.

2 Die Tülle 67–70 im 30-Grad-Winkel zum Untergrund ansetzen und die Tüllenöffnung quer ausrichten.

3 Das Icing langsam herausdrücken, dabei die Tülle bis zur gewünschten Blattlänge entlang des Untergrunds führen, zum Schluss für die Blattspitze

die Tülle nach oben ziehen. Je weniger Druck Sie auf den Spritzbeutel ausüben bzw. je schneller Sie die Tülle bewegen, desto schmaler wird das Blatt.

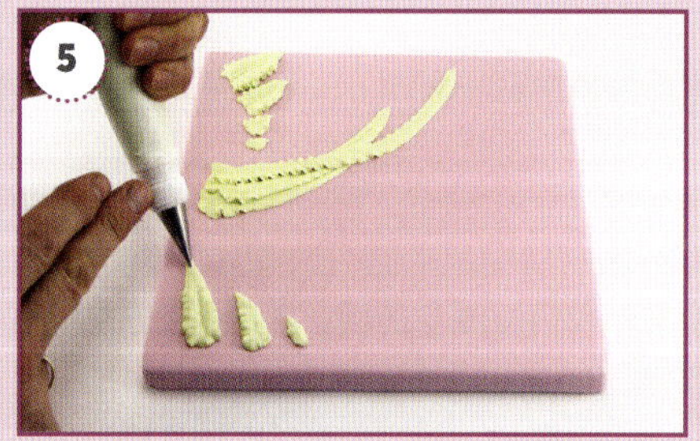

4 Die Tülle 352 im 30-Grad-Winkel zum Untergrund ansetzen und die Tüllenöffnung senkrecht zur Torte ausrichten.

5 Das Icing langsam herausdrücken, dabei die Tülle bis zur gewünschten Blattlänge entlang des Untergrunds führen, zum Schluss für die Blattspitze die Tülle nach oben ziehen.

Grasbüschel

1 Das Icing tablieren (siehe Seite 139), dabei nach Wunsch färben (siehe Seite 138), und in den Spritzbeutel mit Grastülle (Tülle 234) einfüllen.

2 Die Tülle senkrecht zur Torte halten, das Icing langsam herausdrücken und die Tülle anschließend nach oben ziehen. Einen Grasbüschel nach dem anderen nebeneinander aufspritzen.

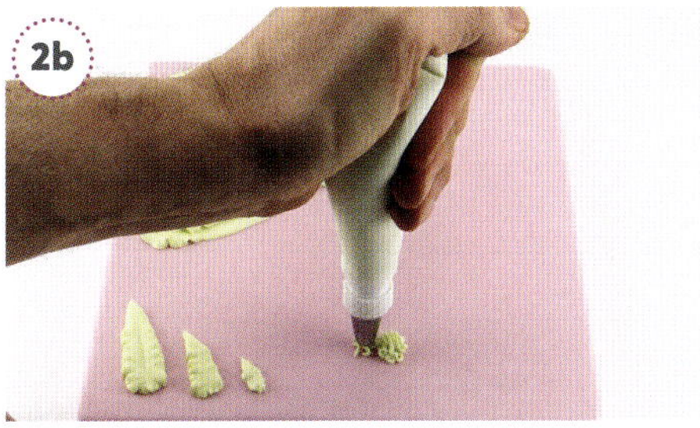

Mit wenig Aufwand lassen sich aus Royal Icing dekorative Blüten und Blätter anfertigen, die jede Torte im Handumdrehen optisch veredeln.

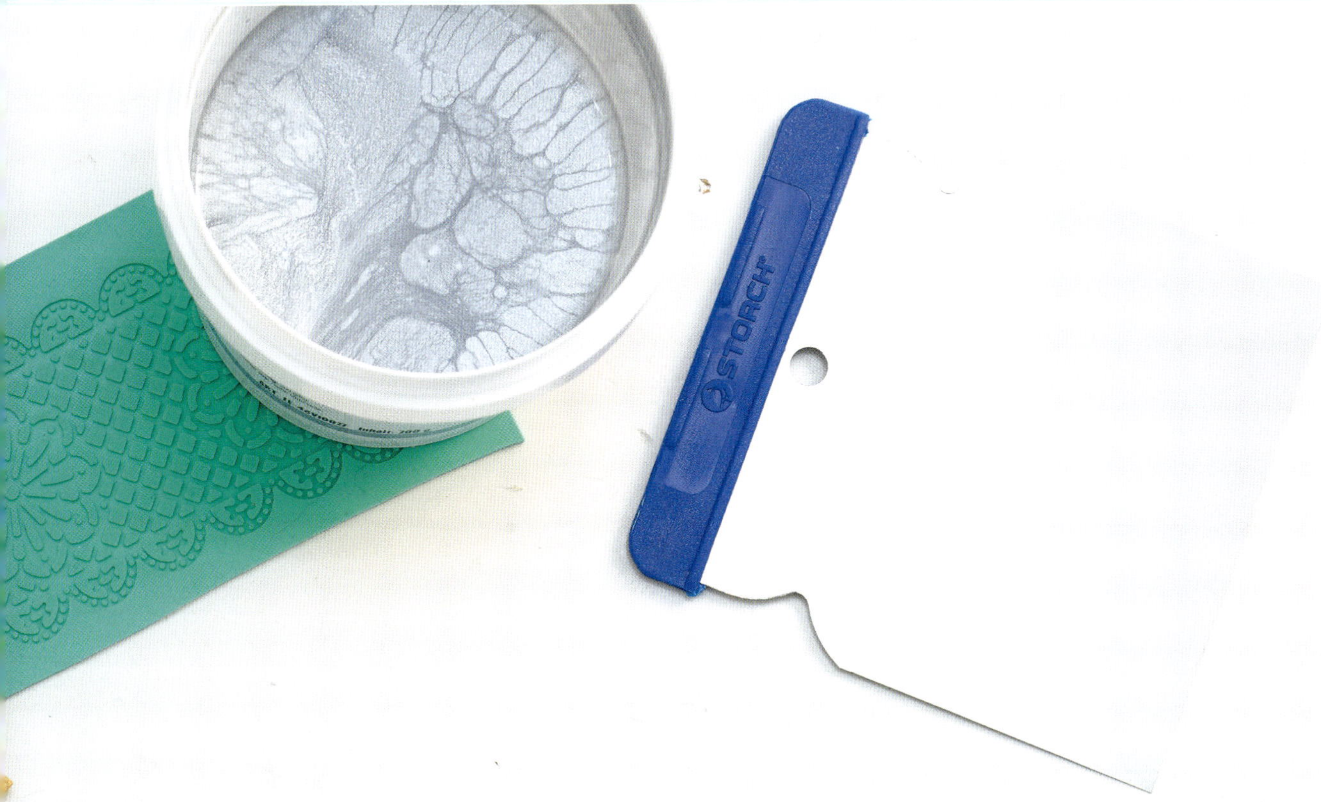

Tortenspitze

Tortenspitze herstellen

Ganz gleich, ob Hochzeits-, Geburtstags-, Tauf- oder Jubiläumstorte – essbare Tortenspitze ist ein optisches Highlight für besondere Anlässe. Selbst einfache Rollfondanttorten lassen sich mit den filigranen Spitzenornamenten schnell und einfach edel verzieren. Alles, was Sie dazu brauchen, ist Tortenspitze-Masse und eine Silikonmatte mit Spitzendesign.

DIE MASSE VERARBEITEN

Die im Handel erhältlichen Massen zur Herstellung von Tortenspitze unterscheiden sich in der Verarbeitung und Beschaffenheit. In der Regel wird das Pulver (z. B. Magic Decor® von Pavoni) mit warmem oder kochendem Wasser (Crystal Lace) angerührt, danach dünn auf die Silikonmatte aufgetragen und anschließend im Ofen getrocknet. Alternativ ist die Masse und auch die Spitze gebrauchsfertig erhältlich (z. B. Sweet Lace von Coximus). Für jede Verwendung gibt es die passende Tortenspitze-Masse. Die eine hat Ähnlichkeit zu Esspapier und wird sehr dünn, wenn man sie nur einmal in die Form streicht (Sweet Lace von Coximus). Die andere trocknet komplett aus und ist dann so empfindlich wie Royal Icing (Magic Decor® von Pavoni). Eine dritte trocknet nicht richtig aus und erinnert an eine Lacktischdecke (Crystal Lace).

Tortenspitze mit Silikonmatte herstellen

1 Die Masse nach Herstelleranleitung anrühren.

2 Die Silikonmatte leicht mit Bäckerstärke bestäuben.

3 Die Masse mit einer Winkelpalette oder einem Spachtel in die Silikonmatte streichen und gleichmäßig verteilen, sodass in dem Muster keine freien Stellen mehr und alle Vertiefungen mit der Masse gefüllt sind.

4 Mit dem Spachtel die überschüssige Masse entfernen, dazu den Spachtel mit leichtem Druck über die Matte streichen. Die überschüssige Masse kann wiederverwendet werden (in einem verschließbaren Gefäß aufbewahren).

5 Die gefüllte Silikonmatte nach Herstelleranleitung im Ofen trocknen.

6 Bei Dekorationen, die über den Rand der Torte stehen sollen und mehr Stabilität brauchen, Schritt 3–5 wiederholen.

7 Zum Schluss die getrocknete Tortenspitze vorsichtig aus der Form lösen.

Vielseitig verwendbar

Die Silikonmatten können Sie auch als Prägematte für Rollfondant oder Modellierschokolade verwenden.

DER TROCKENVORGANG

Das Anrühren der Masse nach Herstelleranleitung ist einfach. Der Trockenvorgang ist zuweilen etwas komplizierter. Normalerweise wird die Spitze im Backofen getrocknet. Sie lässt sich jedoch auch an der Luft trocknen.

Im Backofen trocknen

Da sich jeder Backofen unterschiedlich aufheizt, finden sich in den Herstelleranleitungen meist nur ungefähre Temperaturangaben für den Trockenvorgang. Hier empfiehlt es sich, etwas zu experimentieren, bei jedem Versuch genau die Zeit und die Temperatur zu notieren und bei Bedarf beim nächsten Mal anzupassen. Lautet die Herstellerangabe zum Trocknen der Spitze 120 °C und 6 Minuten, kann der heimische Backofen die besten Ergebnisse beispielsweise auch bei 115 °C und 5½ Minuten erzielen.

Tipp: Nehmen Sie die Zuckerspitze lieber etwas früher aus dem Ofen und lassen Sie sie bei Bedarf an der Luft trocknen.

Trocknen ohne Ofen

Anstatt im Ofen können Sie die Spitze auch 6–8 Stunden bei Raumtemperatur von 20 °C und einer relativen Luftfeuchtigkeit von 40–60% trocknen lassen.

SPITZE AUF VORRAT HERSTELLEN

Je nach Masse können Sie die Spitzen auch im Voraus herstellen. Das ist auch praktisch, wenn Sie mehrere Spitzendekore benötigen, aber nur eine Silikonmatte zur Verfügung haben. Bis zur Verwendung legen Sie die Spitzen auf ein Tablett und decken sie mit Frischhaltefolie ab. So kann keine Feuchtigkeit entweichen und kein Staub an die Deko gelangen.

TORTENSPITZE FÄRBEN

Es gibt zwei Möglichkeiten, Tortenspitze zu färben. Fertige Tortenspitze können Sie mit Lebensmittelfarbspray oder Airbrush (siehe Seite 83 ff.) färben. Puderfarbenspray ergibt einen besonders edlen Effekt. Darüber hinaus können Sie jedoch auch schon die fertig angerührte weiße Masse mit Lebensmittelpastenfarbe oder Lebensmittelpuderfarbe vermischen. Bei Magic Decor® oder Sweet Lace ist es jedoch sehr wichtig, auf die richtigen Mengen zu achten. Färben Sie mit Puderfarbe, müssen Sie die Spitzenpulvermenge um die Grammzahl des Puders reduzieren. Färben Sie mit Pastenfarbe, bleibt die Spitzenpulvermenge gleich, aber Sie reduzieren den Wasseranteil um das Gewicht der Pastenfarbe. Färben Sie stets zunächst mit kleinen Mengen Farbe und geben Sie je nach gewünschtem Farbton mehr hinzu. Beginnen Sie bei Puderfarbe mit ¼ TL und bei Pastenfarbe mit einer Messerspitze Farbe.

Leicht aus der Form

Damit sich die Tortenspitze nach dem Abkühlen leichter aus der Form lösen lässt, können Sie die Silikonform leicht mit Bäckerstärke bestäuben, bevor Sie die Masse einstreichen.

Mit Tortenspitze dekorieren

DIE TORTENSPITZE BEFESTIGEN

Die getrockneten Spitzendekore können mit einer Schere in Form geschnitten werden. Anschließend können Sie sie mit etwas Royal Icing oder Garniergelee (Piping Gel) an der Torte befestigen. Alternativ können Sie auch selbst Zuckerkleber herstellen, indem Sie einen Rest Rollfondant mit etwas heißem Wasser verrühren.

1 Die Tortenspitze mit der Vorderseite auf eine Unterlage legen.

2 Mit einem Pinsel Royal Icing, Garniergelee oder selbst angerührten Zuckerkleber auf die Rückseite auftragen.

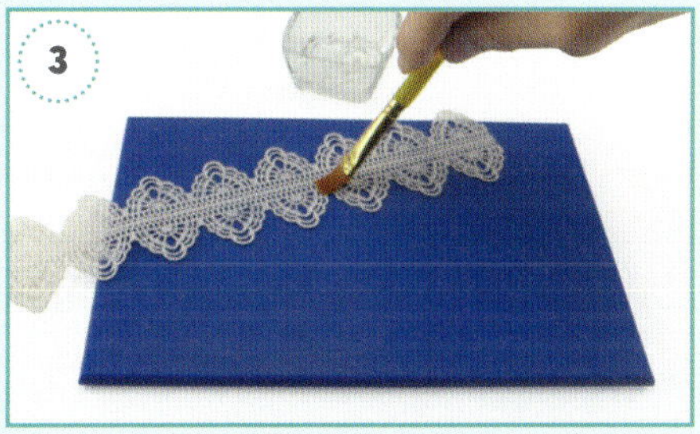

3 Darauf achten, dass Sie alle Stellen der Spitze mit Zuckerkleber bestreichen.

4 Ein Ende der Spitze an die Torte kleben und leicht andrücken, dabei die Spitze mit der anderen Hand von der Torte fernhalten, damit sie nicht aus Versehen bereits anklebt.

5 Die Tortenspitze in der gewünschten Position anbringen und zum Befestigen sanft mit der Hand darüberstreichen.

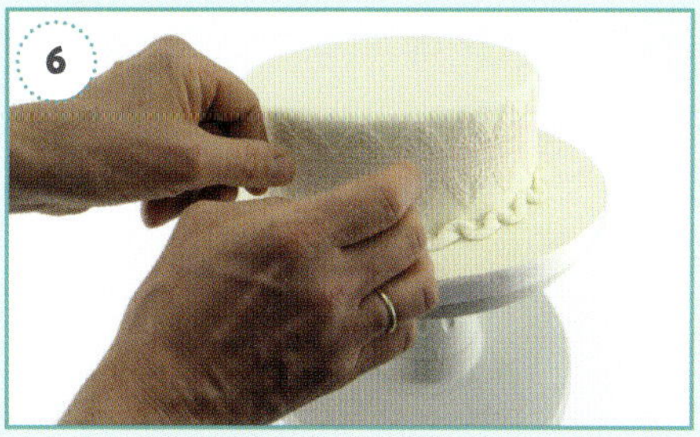

6 Vor allem die äußeren Ränder noch mal sanft andrücken, damit sie sich nicht wieder lösen.

Anhang

Q&A

Ein Kuchen, der im Backofen zusammenfällt oder sich nicht aus der Form lösen lässt, zu harter Rollfondant oder Schokoladenguss mit einem Grauschleier. Beim Kuchenbacken kann allerlei schiefgehen. Worauf sollten Sie achten? Wie lassen sich Fehler vermeiden? Und wie kann man einen verunglückten Biskuitboden noch zu etwas Sinnvollem weiterverarbeiten? Anbei finden Sie die ultimativen Expertentipps von den Konditoren der Cake Company.

Der Kuchen geht im Backofen wunderbar auf, fällt dann aber in sich zusammen.

Daran ist meist zu viel oder zu wenig Backpulver schuld. Geben Sie stets peinlich genau die angegebene Menge Backpulver in die Kuchenmasse.

Der Kuchenteig lässt sich nicht ausrollen.

Ist er zu bröselig, kneten Sie ihn noch einmal komplett durch und rollen ihn anschließend zwischen Frischhaltefolie aus. Ist der Teig zu klebrig, geben Sie mehr Mehl auf die Arbeitsfläche.

Die Oberfläche des Kuchens bildet eine unschöne Kuppel oder reißt beim Backen auf.

Wenn der Kuchen beim Backen aufreißt und eine Art Vulkan bildet, war der Backofen noch zu kalt, als der Kuchen hineingestellt wurde. Heizen Sie den Backofen immer vor und achten Sie darauf, ob der Kuchen bei Umluft oder bei Ober- und Unterhitze gebacken werden soll.

Der fertige Kuchen lässt sich nicht aus der Form lösen.

Schneiden Sie mit einem langen Messer vertikal zwischen Backform und Kuchenrand einmal rundherum. Achten Sie dabei darauf, dass das Messer etwas schräg zum Ring ausgerichtet ist. So vermeiden Sie hässliche Schnitte im Kuchenrand.

Tipp: Selbst alte Backformen aus Großmutters Zeiten, aus denen sich Kuchen schlecht herauslösen lassen, können Sie mit einer Antihaftcreme aus jeweils gleichen Teilen Mehl, neutralem Speiseöl und Butter weiterhin verwenden (siehe Seite 25).

Der Boden wird trotz Hochziehmethode ungleichmäßig hoch.

Die Methode, die Biskuitmasse beim Einfüllen in den Tortenring an den Rändern mit dem Spachtel hochzuziehen, um einen gleichmäßig hohen Tortenboden zu erhalten (siehe Seite 18), funktioniert nur mit Aluminiumformen. Bei beschichteten Backformen rutscht der Teig am Rand wieder herunter.

Der Kuchen ist verunglückt.

Ist ein Tortenboden ungleichmäßig gebacken oder mit einer unschönen Kuppel aus dem Backofen gekommen, schneiden Sie den nicht so schönen Teil einfach ab und überdecken Sie die Schnittfläche mit Creme. Aus dem abgeschnittenen Teil können Sie Cake Pops (siehe Seite 18) machen.

Tipp: Backen Sie sicherheitshalber einen Boden mehr, so haben Sie immer einen in der Hinterhand, wenn ein Boden mal nicht so schön wird. Falls alle Böden gelingen, frieren Sie den Boden, den Sie nicht sofort verwenden können, ein oder verarbeiten Sie ihn zu Cake Pops. Auch Muffins und andere Trockenkuchen lassen sich, wenn sie mit Öl anstatt Butter zubereitet wurden, gut einfrieren. Vor dem Verzehr einfach bei Zimmertemperatur auftauen lassen oder kurz aufbacken. Schmeckt wie frisch gebacken.

Der Kuchen ist klitschig.

Klitschiger Kuchen, der in der Mitte nicht richtig durchbackt, kann mehrere Ursachen haben. Häufig ist das Backpulver schuld, wenn es zu alt oder feucht geworden ist. Auch wenn die Zutaten nicht richtig verrührt oder geknetet wurden, kann es vorkommen, dass sich das Backpulver nicht gleichmäßig in der Masse verteilt hat und der Kuchen dadurch klitschig wird. Zuletzt kann auch ein zu frühes Öffnen der Backofentür dazu führen, dass der Kuchen in sich zusammenfällt. Daher den Backofen während des Backens auf gar keinen Fall öffnen!

Der Kuchen wird an der Oberseite zu dunkel.

Wird der Kuchen beim Backen an der Oberseite zu dunkel, ist der Backofen zu heiß. Decken Sie den Kuchen mit Backpapier oder Alufolie ab.

Der Kuchen ist zu trocken.

Tränken Sie den Kuchen einfach mit Kakao, Alkohol oder Sirup. Träufeln Sie dazu die Flüssigkeit auf jeden Boden einzeln. So bleibt der Kuchen auch über längere Zeit saftig und kann schon einige Tage vor dem Verzehr zubereitet werden.

Der Biskuit ist völlig zerbrochen.

In diesem Fall hilft nur, einen neuen Biskuit zu backen. Den zerbröselten Kuchen können Sie wunderbar zu Cake Pops, Tiramisu oder Rumkugeln weiterverarbeiten.

Der Rollfondant fängt an zu schwitzen.

An Rollfondant, der zu rasch von einem kalten oder kühlen an einen warmen (und feuchten) Ort kommt, bilden sich kleine Wassertropfen, er fängt an „zu schwitzen". Das ist gefährlich, da das Wasser den Zucker im Rollfondant auflöst und die Deko im Handumdrehen zerstören kann. Um das zu vermeiden, achten Sie darauf, mit Rollfondant eingedeckte Torten vor allem im Sommer stets gut zu akklimatisieren. Zur Not hilft etwas Zugluft oder ein Ventilator, der die feinen Wassertröpfchen rasch verdunsten lässt.

Der Rollfondant ist zu trocken oder zu hart.

Wenn der Rollfondant zu hart oder zu trocken ist, wurde möglicherweise zu viel Puderzucker untergeknetet oder er ist zu lange an der Luft gelagert worden. Wurde zu viel Puderzucker verwendet, können Sie etwas weißes Fett (z. B. Palmin oder Kokosfett) unterkneten (siehe auch Seite 55). Ist der Rollfondant zu hart, weil er kalt ist, können Sie ihn ca. 1 Minute in der Mikrowelle weicher machen. Rollfondant, der zu lange ungeschützt an der Luft lag und ausgetrocknet ist, kann nicht mehr verwendet werden. Ist nur ein Teil ausgetrocknet, der Rest aber noch weich, können Sie das trockene Stück einfach abschneiden und den Rest verwenden.

Der Rollfondant ist zu weich.

Kneten Sie in zu weichen Rollfondant CMC, Traganth oder Bäckerstärke (siehe Seite 55). Beginnen Sie jedoch stets mit kleinen Mengen. Bindemittel oder Bäckerstärke ziehen nach, das bedeutet, dass ihre Wirkung oft mit einer Zeitverzögerung eintritt. Wenn Sie am Anfang schon zu viel eingeknetet haben, kann es passieren, dass der Rollfondant nach einer halben Stunde zu fest geworden ist.

Der Rollfondant wurde zu warm gelagert.

Zu warmer Rollfondant lässt sich nicht optimal verarbeiten. Legen Sie den Rollfondant vor dem Verarbeiten 30 Minuten in den Kühlschrank. Sind Ihre Hände beim Verarbeiten zu warm, bestäuben Sie sie am besten mit Bäckerstärke.

Die Ganache ist zu fest.

Ganache, die zu fest geworden ist, können Sie einfach noch einmal erwärmen und dann weiterverarbeiten.

Das Icing ist im Spritzbeutel hart geworden.

Um Icing, das Sie bereits in den Spritzbeutel gefüllt haben und nicht sofort weiterverarbeiten, vor dem Austrocknen zu schützen, ist es ratsam, vorne auf die Spritztülle ein feuchtes Küchenhandtuch zu legen.

Der Schokoladenguss ist geplatzt.

Das kann vor allem bei der Herstellung von Cake Pops passieren, wenn die Gebäckkugeln vor dem Überziehen mit dem warmen Schokoguss zu kalt sind. Cake Pops nicht direkt aus dem Kühlschrank glasieren, sondern erst eine kurze Zeit bei Zimmertemperatur stehen lassen.

Der Schokoladenguss ist zu zähflüssig.

Wenn der Schokoguss zum Eintauchen der Cake Pops zu zäh ist, geben Sie einige Milliliter pflanzliches Öl zu, je nachdem wie dünnflüssig die Schokolade sein soll. Alternativ können Sie auch Kakaobutter verwenden.

Die Schokoladenglasur wird grau.

Ist die Schokoladenglasur nach dem Trocknen grau geworden, war wahrscheinlich die Temperatur beim Schmelzen zu hoch. Schmelzen Sie weiße Schokolade bei 28–29 °C, Vollmilchschokolade bei 30–31 °C und Zartbitterschokolade bei 32–33 °C.

Glossar

Großbritannien oder die USA sind traditionell Vorreiter bei der Tortendekoration mit Rollfondant. Zahlreiche Werkzeuge, aber auch Backformen sind u.a. in der Torten-Community, in Blogs und Onlineshops unter ihrer englischen Bezeichnung bekannt.

B

Baking Tin: Backform

Balltool: Kugelmodellierstab

Blossom Tint: Puderfarbe

C

Cake Ruler: Gerät für das präzise Anbringen von Tortendekoration

Color Dust / Colour Dust: Puderfarbe

Confectioner's Glaze: Lebensmittellack

Confectioner's Sugar: sehr feiner Puderzucker / Staubzucker

Crimper: Kneifer für Marzipan oder Rollfondant

Crumb Coat: Krümelbinder (erste Einstreichschicht bei einer Torte)

Cutter: Ausstecher

D

Design Wheeler: Schneiderad

Dresdentool: Modellierwerkzeug

Dust: Puderfarbe

E

Edible Glue: essbarer Kleber

Extruder: Presse mit Einsätzen zum Formen von Dekorationselementen (Sugar Gun)

F

Flower Nail: Rosennagel

Flower Paste: Blütenpaste (Traganthzucker)

I

Icing: Glasur jeglicher Art

Icing Sugar: Puder- oder Staubzucker für Glasuren

J

Jelly: Gelee

K

Kit: Set oder Satz von Werkzeugen

L

Lace: Spitzenborte

Lustre Dust: metallicfarbener Glanzstaub

M

Mexican Paste: Modelliermasse, etwas weicher als Blütenpaste

Modelling Chocolate: Modellierschokolade

Mould: Silikonform

N

Nozzle: Spritztülle

P

Pattern: Vorlage

Petal Dust: feine Lebensmittelpuderfarbe

Piping Bag: Spritzbeutel

Piping Gel: Garniergelee

Polisher: Glätter

Puncher: Stanzer

R

Rainbow Dust: Puderfarbe

S

Sidescraper: Teigschaber

Smoother: Glätter zur Bearbeitung von Rollfondant und Marzipan

Sponge Cake: Rührkuchen mit Vollei

Stenceling: Schablonentechnik

Sugar Gun: Presse mit Einsätzen zum Formen von Dekorationselementen (Extruder)

Sugar Paste: Rollfondant

T

Template: Vorlage

Tier: Etage bei Torten

Tip: Spritztülle

Tool: Werkzeug

Topper: dekorative Aufsätze für Kuchen, Torten oder Cake Pops

Turntable: Drehteller

Tylose: CMC (Carboxymethylcellulosen)

V

Veiner: Prägeform

W

Wafer Paper: feines Esspapier

Tortengrößen und Tortenstücke

Durchmesser	Höhe	Stückzahl
18 cm	5 cm	8
18 cm	8 cm	10
20 cm	5 cm	10
20 cm	8 cm	12
22 cm	5 cm	12
22 cm	8 cm	14
24 cm	5 cm	14
24 cm	8 cm	16
26 cm	5 cm	16
26 cm	8 cm	18
28 cm	5 cm	18
28 cm	8 cm	20
30 cm	5 cm	20
30 cm	8 cm	22
32 cm	5 cm	22
32 cm	8 cm	24
36 cm	5 cm	24
36 cm	8 cm	26
40 cm	5 cm	28
40 cm	8 cm	32

Vorlagen

Die Vorlagen dienen zum Spritzen von vier- bis achtblättrigen Blüten. Die Vorlagen kopieren, ausschneiden und auf einen Rosennagel kleben. Zum Spritzen die Tüllen 102, 103 oder 104 verwenden.

Die Tülle mit der dickeren Seite zur Blütenmitte und mit der dünneren Seite nach außen richten und in einem sehr flachen Winkel von etwa fünf Grad ansetzen. In der Mitte beginnen und die Tülle in einer leichten C-Bewegung um den ersten Strich führen, dabei den Spritzbeutel mit der Tülle in der rechten Hand im Uhrzeigersinn führen und den Blütennagel gegen den Uhrzeigersinn drehen (Linkshänder führen den Spritzbeutel gegen den Uhrzeigersinn und drehen den Blütennagel mit der rechten Hand im Uhrzeigersinn). Die Tülle wieder flach ansetzen und die Schritte bei jedem weiteren Strich auf der Vorlage wiederholen.

Beim Spritzen von Royal Icing oder Buttercreme ist neben dem richtigen Druck auf den Spritzbeutel auch der Winkel zwischen Tülle und Untergrund wichtig. Einsteigern empfiehlt es sich, das Spritzen von Linien, Rosetten oder Bärentatzen zunächst einmal zu üben. Kopieren Sie die Übungsgrafiken und spritzen Sie Icing oder Buttercreme nach Vorlage auf.

LINIEN SPRITZEN

Die Tülle im 90-Grad-Winkel dicht an der Vorlage ansetzen, sodass das Icing die Unterlage berührt. Mit gleichmäßig leichtem Druck auf den Spritzbeutel die Tülle im 90-Grad-Winkel 3–8 cm in die Höhe ziehen und den Icing-Faden „laufen" lassen. Je mehr Abstand die Tülle zur Unterlage hat, desto besser lässt sich der Icing-Faden führen. Wenn die entsprechende Höhe erreicht ist, die Tülle im 60-Grad-Winkel halten und den Faden über die Vorlage ziehen. Gegen Ende der Linie den Abstand zur Vorlage auf 1–2 cm verringern und den Icing-Faden auf der Unterlage absetzen. Achten Sie darauf, dass Sie am Ende nicht über das Ziel hinausspritzen.

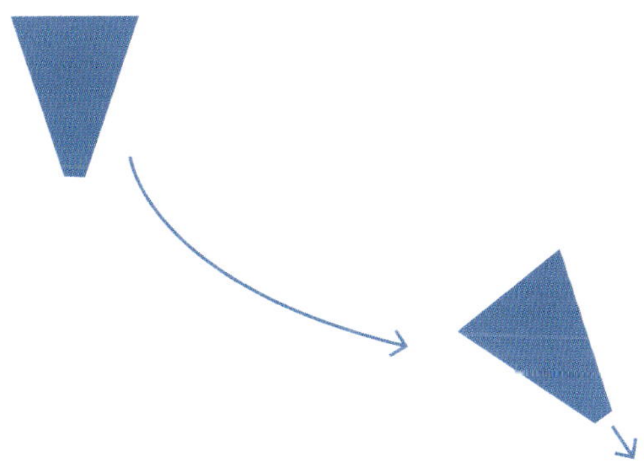

Tülle 1

Tülle 1,5

Tülle 2

ROSETTEN SPRITZEN

Die Tülle im 90-Grad-Winkel zur Vorlage ansetzen, sodass das Icing die Unterlage berührt. Anschließend gleichmäßigen Druck auf den Spritzbeutel ausüben, damit immer gleich viel Icing herausgedrückt wird, dabei die Tülle drehen und abheben.

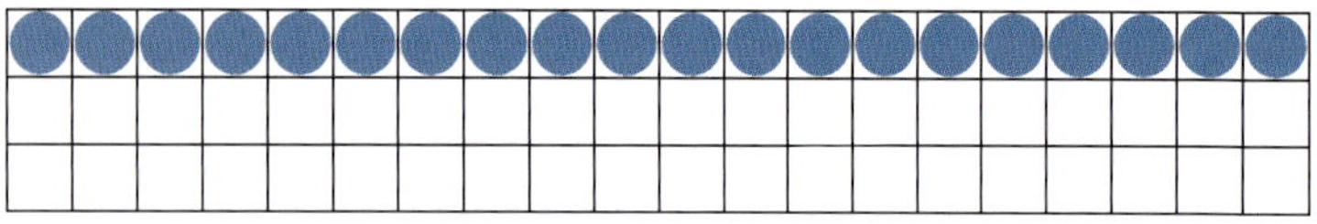

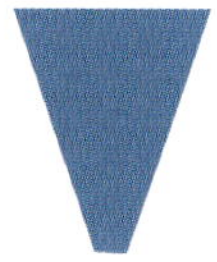

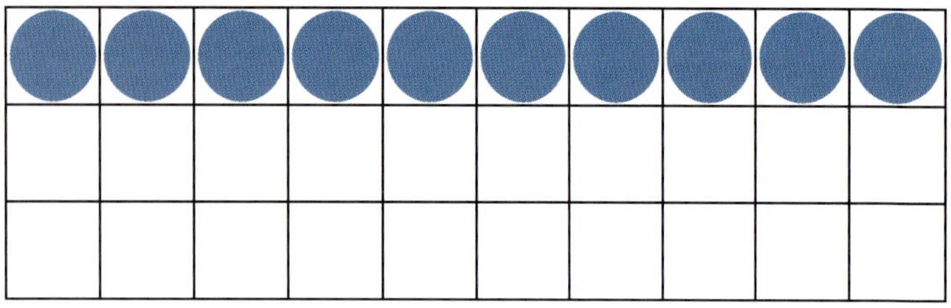

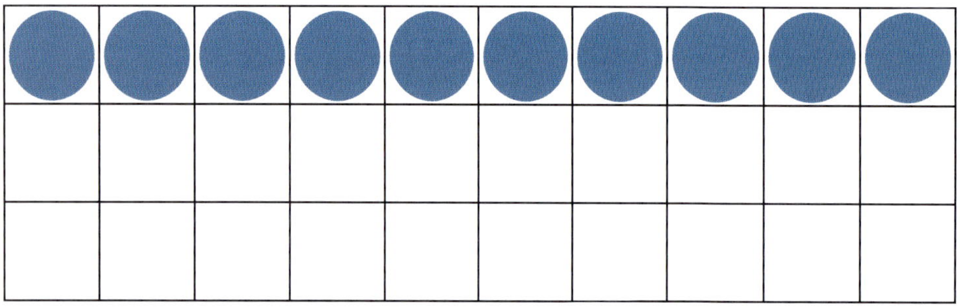

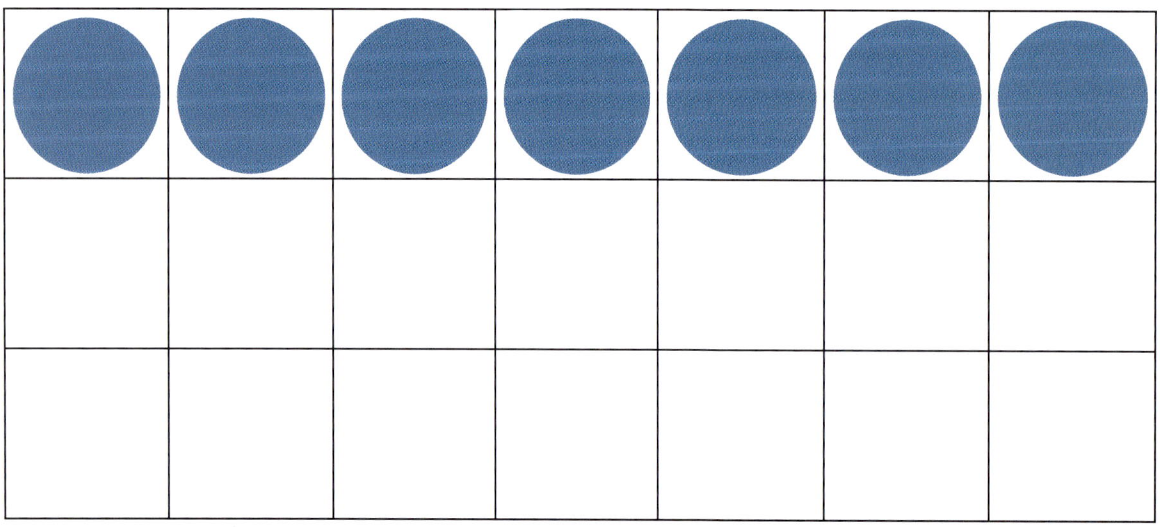

BÄRENTATZEN SPRITZEN

Die Tülle im 45-Grad-Winkel zur Vorlage ansetzen, sodass das Icing die Unterlage berührt. Gleichmäßig Druck auf den Spritzbeutel ausüben und die Tülle in einer Art Wellenbewegung (aufsetzen, anheben, aufsetzen usw.) führen.

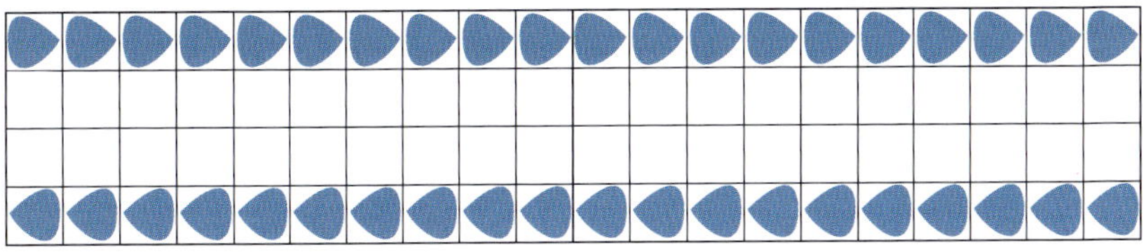

Für Rechtshänder →

Für Linkshänder ←

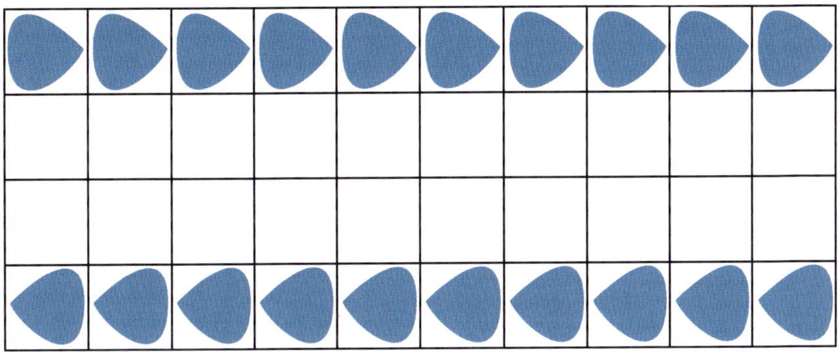

5°- Winkel

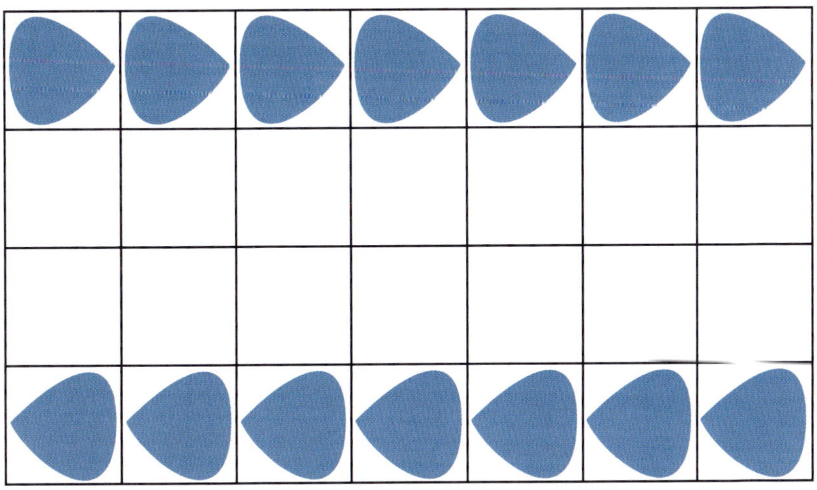

Register

Buchempfehlungen für Sie

Noch mehr Kreativ-Bücher zum gleichen Thema gesucht?

ISBN 978-3-7724-8057-7

ISBN 978-3-7724-8047-8

ISBN 978-3-7724-8064-5

ISBN 978-3-7724-7199-5

ISBN 978-3-7724-8058-4

ISBN 978-3-7724-8009-6

ISBN 978-3-7724-8060-7

ISBN 978-3-7724-8073-7

ISBN 978-3-7724-7177-3

Kreativ-Bücher finden Sie auf www.TOPP-kreativ.de

#TOPPPROJEKT

Die eigene Kreativität zeigen: TOPPprojekt mit anderen Kreativen teilen und Teil der Gemeinschaft werden.

DIY-begeistert und auf Instagram? Dann unbedingt mitmachen! Hier gibt's Tipps und Feedback zu den eigenen Projekten. Außerdem verlosen wir jeden Monat ein Überraschungspaket. Um am Gewinnspiel teilzunehmen, einfach ein Bild vom Kreativ-Projekt aus unseren Büchern mit #TOPPprojekt posten und unserem Account @frechverlag folgen. Mehr Infos auf TOPP-kreativ.de/TOPPprojekt

Website
Auf TOPP-kreativ.de können Sie ein riesiges Angebot von über 1.000 Kreativbüchern, Sets & mehr entdecken.

Newsletter
Gleich anmelden unter: TOPP-kreativ.de/newsletter und immer als Erstes von unseren Neuheiten und Sonderaktionen erfahren.

Instagram
@frechverlag

Pinterest
pinterest.com/frechverlag

Facebook
facebook.com/frechverlag

DigiBib
Hier finden Sie zusätzlich zu vielen unserer Bücher digitale Extras, wie Video-Tutorials, Plotter-Dateien, Vorlagen, Übungsblätter & vieles mehr. Einfach im Impressum Ihres TOPP-Buchs den Freischalte-Code nachschlagen und exklusive Inhalte freischalten. TOPP-kreativ.de/digibib

Youtube
youtube.com/frechverlag